市川團十郎代々

服部幸雄

講談社学術文庫

目次

市川團十郎代々

江戸ッ子の團十郎贔屓《びいき》と襲名《しゅうめい》

さまざまな芸術の分野の中で、演劇は生身の役者の肉体を媒体として創造される点にその特色があることは、あらためて言うまでもない。このことは古今東西を問わず、あらゆる演劇に共通に言い得るところである。

しかし、歌舞伎という日本の伝統演劇にとって、この傾向は格別に顕著だった。歌舞伎の場合、とくに「役者中心の演劇」とか、「肉体で戯曲を書いていく」といった性格が強調されることのあるのは、それが西欧の近代演劇と対比した時に際立って見える特色だからである。

歌舞伎にとって、個性の豊かな役者の魅力は、ほとんど絶対的なものである。天賦《てんぷ》の容姿、才能、個性的な芸風などの上に、本人の修行の努力によって培われた技芸、親や師匠から確実に伝承された型や芸、それぞれの役者の個性が舞台上でぶつかり合い、せめぎ合って、歌舞伎は支えられている。そして舞台の上で燃焼しつくすその個性的な芸は、やがて子どもや弟子たちの肉体に受け継がれ、次の時代への技芸の伝承が行われる。

歌舞伎の観客は、劇場へ「芝居を見に行く」のだが、それは同時に「役者を見に行く」ことであった。舞台上で創造されている人物は、戯曲の中の「役」でありながら、むしろその

「役」を演技している役者個人が強く観客の意識に上っている。「成田屋！」「音羽屋！」というように、劇の最中に役者個人の屋号を叫んで応援することも、そういう構造の反映である。劇の途中で、突然進行を中断し、役者が「役」の扮装のまま一旦「役者」に戻り、襲名・改名や初舞台の披露などをするのも同じことである。終わると、ふたたび役者は「役」の人物に戻り、何事もなかったかのように、劇が進行する。江戸時代には役者が、これと同じ形で、劇の途中で自分の開店した商見世《あきないみせ》を宣伝する口上を述べることもあった。こういうことを許す、というよりも歓迎してきたところに、歌舞伎の独特な性格、特色のある創造のしかたがあったのは確かなことである。

観客の役者に対する、こうした強い関心、独特なかかわりかたを基本構造とする歌舞伎にあって、役者の名前が重んじられ、役者の家柄や家系――それぞれの家の歴史と伝統――が強く意識されてきたのは当然だろう。その結果、襲名という前近代的な習慣が現代に至るまで行われ、「家の芸」がそれぞれの家系に属する役者の責任において、長い伝統となって護り伝えられて来たのである。役者の名前・家系には、それぞれ歴史の長さ・由緒《ゆいしょ》の正しさ・先祖が劇界に残した功績などが基準になって、おのずから重みや格式が備わっている。劇界で「大きい名前」「重い名前」「由緒ある家柄」などと呼ぶのが、これである。

元禄歌舞伎は歌舞伎の歴史の出発点である。むろん歌舞伎はそれより半世紀以上も以前に生まれていたのだが、後世の歌舞伎の基礎がほぼ固まったのが元禄時代であり、これを第一次完成期と考えていい。元禄歌舞伎の時代からおよそ三百年を隔てたこんにちまで、江戸（東京）歌舞伎の中で常に特別な地位を占め、最も大きく重い名前とランク付けされてきたのが「市川團十郎」の名跡《みょうせき》(2)であった。元禄歌舞伎の代表的名優であった初代（元祖）から、現代の十二代目に至るまで、十二人の「市川團十郎」が、江戸（東京）の庶民文化の歴史の中で、それぞれの時代に花を咲かせつづけてきた。

歌舞伎の歴史上には数多くの名人・上手が居た。その中にあって、とくに「市川團十郎」だけが何故「随市川《ずいいちかわ》」(3)と称されて江戸の歌舞伎役者の別格と見なされるに至ったのだろうか。それには、いろいろの理由が考えられるが、もっとも大きいものを三つ掲げる。第一は、代々の團十郎が際立った名優だったことである。不幸にして夭逝《ようせい》した三代目・六代目を別にすれば、どの團十郎もその時代において抜群の技芸の持ち主だった。三代目・六代目が夭逝した時も、それぞれ海老蔵《えびぞう》（二代目團十郎）・鰕蔵《えびぞう》（五代目團十郎）と改名した名優の父親が控えていたため、市川團十郎の劇界における地位はいささかもゆらぐことがなかった。

並み居る役者の中から、無名の一青年だった市川團十郎という役者が、まず卓越した天性と技量とをもって抜け出した。そして、「お江戸におゐてかたをならぶるものあらじ。……おそらくは末代《まつだい》のやくしやのかゞみとも成べき人なり」（貞享五年七月刊『野郎役者風流鏡』）とまで評価されるようになったのが、長い市川團十郎史の出発点だった。

その名を継いだ二代目も親に勝るとも劣らぬ名優だった。親譲りの荒事《あらごと》を様式的に練り上げ、人気と実力を兼備して、江戸劇壇における「市川團十郎」イコール江戸歌舞伎というイメージが作られた。

四代目は彼以前の團十郎のイメージにはなかった鋭角的な芸質をもった実力派の人で、結果的に新しい時代に適応し得る團十郎の在り方を切りひらいた。

五代目は江戸文化の全盛期に当たり、はなやかで、おおらかな芸風、洒脱《しゃだつ》な人柄の魅力をもって人気抜群の役者だった。

七代目は文化・文政期——江戸文化の爛熟期に、どんな役をやらせても傑出した腕前を示して名優の称をほしいままにした。そのうえで、荒事を核とした市川流の十八番を選び、「歌舞伎十八番」と称して世間に公表することにより、市川團十郎の名と家の権威をあらためて確立して、その再確認をはかった。世の中の秩序が崩壊しはじめ、実力主義の擡頭《たいとう》によって、家の伝統的権威が形式化しようとする時代の風潮を察知した七代目のまき返しであった。

美貌役者で人気抜群の八代目は、幕末期の歌舞伎界きってのアイドルで、一時は沈滞した猿若町《さるわかまち》の歌舞伎に最後の繁栄をもたらした立役者《たてやくしゃ》だった。

時代が変わって明治の九代目は不世出と言われた名優だったばかりでなく、演劇改良・役者の社会的地位の向上など、近代化の苦悩にあえいでいた歌舞伎界のリーダーとして縦横の活躍を見せた。九代目の余響が強力に現代の歌舞伎に及んでいる。

十一代目は太平洋戦争終結後、歌舞伎の存続が危ぶまれた時代に、生来の美貌とはなやかな芸風をもって一世を風靡し、立て直しのために力を尽くした名優だった。海老蔵を名のっていた時代が長かったので、「海老さま」の愛称で親しまれていた。

このように、代々の役者としてのすぐれた技芸とその舞台内外における活躍ぶりが、「市川團十郎」を名のる役者を常に別格に置くひとつの理由になったのである。

第二の理由は、市川團十郎の代々が他ならぬ「荒事」を「家の芸」として確立し、伝承してきたことである。荒事は単に荒々しい武勇事ということにとどまらず、演技面には様式性の洗練、性格面には呪術性・宗教性が加わって、祭祀《さいし》的ないし饗宴的色彩の濃い江戸歌舞伎の体質を象徴的に表していた。市川團十郎の演ずる荒事の主人公は、悪疫《あくえき》の流行、飢饉、災厄などから生命と生活を守ってくれる江戸の守護神のような性格を帯びていた。それが、團十郎崇拝、團十郎信仰の気分を醸成した。豪放で、やんちゃで、正義感に富み、勇気にあふれていて、強く荒々しく活動する演技術が、武士階級を中核にして形成された「江戸」人の気質に合致したのはもちろんである。

さらに、代々の團十郎は下総《しもうさ》国（千葉県）成田山新勝寺の不動明王を信仰し、舞台でしばしば不動尊像の分身《ふんじん》(4)になって示現《じげん》する「分身《ふんじん》不動」を見せた。そして屋号を成田屋と定めた。このことも團十郎を指して「江戸の守護神」「役者の氏神《うじがみ》」などと鑽仰《さんぎょう》する傾向と深くつながっていた。

第三の理由は、「市川團十郎」代々の人物と芸とが江戸文化を代表するものとして、江戸ッ子の伝統主義・排他主義によって盛り上げられていったことである。地方人——とくに上《かみ》方人《がた》との違いを強調して江戸人の誇りを託すのに、市川團十郎は格好のキャラクターに見立てることができた。その意味で、とくに「助六実は曾我五郎」は市川團十郎その人であり、かつ江戸ッ子みずからを理想化した姿でもあった。助六という人物典型には江戸ッ子美学が凝縮していたと言えよう。婦女童幼から文人墨客に至るまで、江戸市民たちは競い合って團十郎を贔屓にした。その熱狂ぶりは、市川團十郎を贔屓にしない者は江戸ッ子ではないと言わんばかりの物すごさであった。

代々の團十郎が、いずれも俳諧や狂歌をたしなみ、また文章、絵画、書などを揮毫《きごう》する才能を持ち、俳人、狂歌師、戯作者《けさく》、絵師、書家など江戸（東京）における一流の文化人たちと親しく交流していたことも、大衆から仰ぎ見られるひとつの理由になっていたと思われる。むろん團十郎は舞台以外のこうした方面の努力も惜しまなかったのである。

歌舞伎界における市川團十郎の存在は、元禄以来の江戸市民が長期にわたる歴史の上に築き上げてきた、共同願望のシンボルのようなものである。そのゆえに、歌舞伎を伝統演劇として位置づけるかぎりにおいて、現代にあっても「市川團十郎」の名は並み居る役者衆の中で格別に大きく、かつ重いのである。

（1）襲名

現代に襲名の習慣が残っているのは二、三の例外を除けば、歌舞伎を代表とする伝統芸能の世界ばかりと思われる。襲名は親や兄弟、あるいは師匠からその名を譲られて名のることであるが、歌舞伎の場合には、成長にしたがっていくつもの名を襲名していくことが行われる。近年の例でいえば、市川團十郎の場合、幼名の新之助《しんのすけ》から海老蔵《えびぞう》を経て團十郎になった。中村歌右衛門の場合は、児太郎《こたろう》から芝翫《しかん》を経て歌右衛門になったというように。

そこで、出世魚になぞらえることがある。役者は、技芸の進歩成長を認められた時、一ランク高い名前を襲名する。襲名することで本人の責任の自覚ができ、まわりの人もそれまでとは違った目で見るようになる。その結果、見違えるように立派になることが多いのである。多くの人々の脳裏に生きている名優の名跡を若い後継者が襲名することは、待望されて実現するめでたいことなので、興行者は襲名披露と銘打ってはなやかな行事をくりひろげる。そのようにして役者の名は受け継がれていく。

（2）名跡

ある人名が別人によって代々継承されるとき、相続されるべき名前を「名跡」と呼ぶ。名跡が中断されることなく、何代も続くことを誉れとしてきた。

（3）随市川

随一の「一」、すなわち「最高」の意味に、市川の「市」の音を重ねた褒《ほ》めことば。「最高の家系である市川團十郎家」という意味。『八代目市川團十郎一代狂言記』に、「流石《さすが》大江戸の名物男、俳優家の随市川と称誉すべし」などと見える。

（4）分身

團十郎が不動明王に扮して登場するのではなく、不動明王の憑依《ひょうい》を得て、不動明王そのものになって示現するという、宗教的な観念を表現する用語。

團十郎前史

歌舞伎誕生

慶長八年（一六〇三）は、徳川家康が征夷大将軍の宣下《せんげ》を受け、江戸の地に幕府を開いた年である。まさしく近世の幕開きである。長い間打ちつづいた戦乱がようやく収まり、ひさしぶりに平和な日々が蘇《よみがえ》ろうとしていた。ちょうどこのころ、京の北野社頭や五条の河原に小屋を掛け、「かぶき」と呼ばれる新芸能が誕生してくる。

出雲《いずも》のお国と名のる一女性の率いる一座が地方から都に上り、はなやかな扮装で煽情《せんじょう》的な踊りの芸を演じたところ、これが大成功してまたたくまに時代の寵児《ちょうじ》となり、貴賤を問わぬ大衆の支持を受けた。

ただちにお国の歌舞伎を模倣した遊女歌舞伎も生まれたが、風俗を乱すとの理由で寛永年間（一六二四〜四四）に女性の芸能いっさいが禁止された。これに代わって若衆《わかしゅ》歌舞伎がもてはやされるが、これも同じ理由で、承応《じょうおう》元年（一六五二）に禁じられてしまう。以後、若衆の象徴である前髪を剃り落とし、野郎《やろう》頭となった役者たちが、物真似中心の芸能を演じることとなり、これをきっかけにして歌舞伎は演劇として飛躍的に成長していった。

歌舞伎という言葉は、もとは動詞の「かぶく」から生まれている。「かぶく」とは、「傾

1　風俗図（彦根屛風）部分　かぶき者の風俗　彦根城博物館

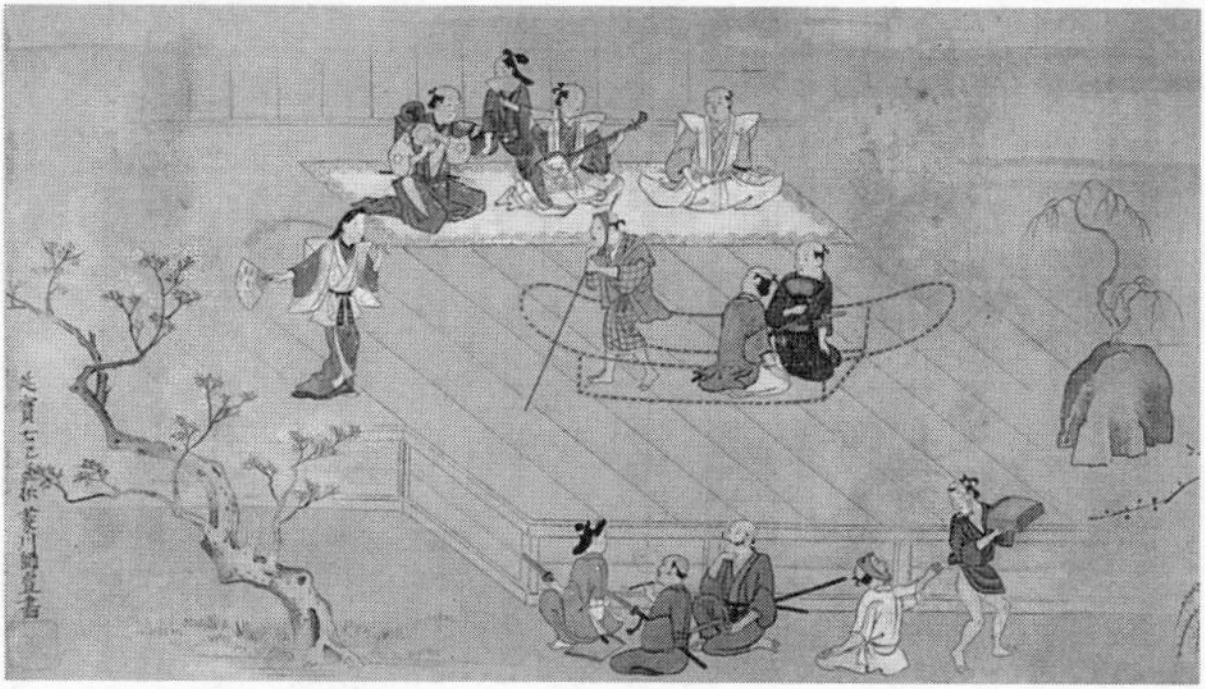

2　角田川図　菱川師宣　千葉市美術館

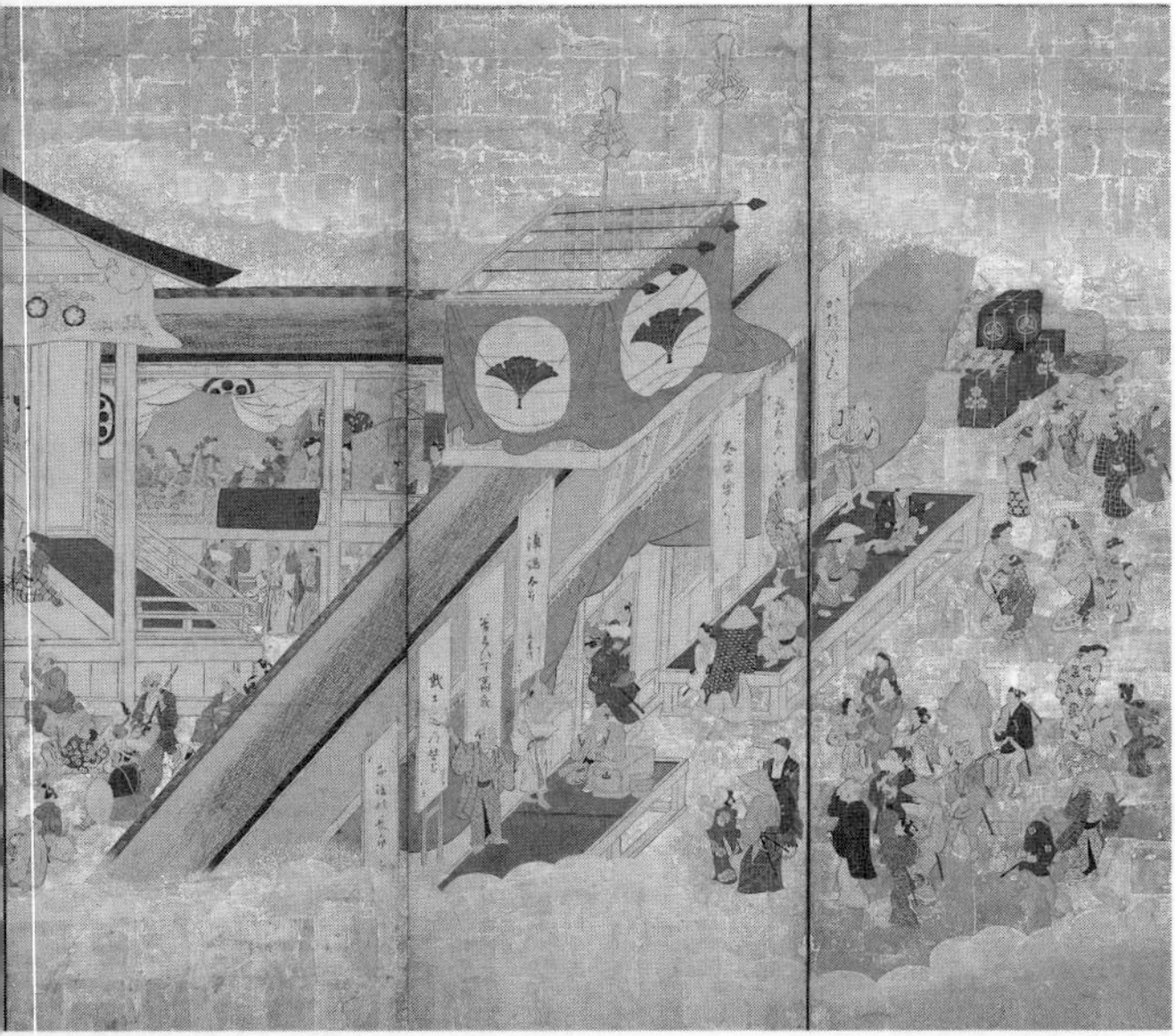

く」の意味で、まっすぐなものに対して傾いていることを表す言葉であった。ここには、異端、反抗などの意味がある。正統の秩序に対する異端、反抗。戦国乱世の時代が終結し、束の間の平和が到来したとき、乱世を潜り抜けて生き残った若者の間に蔓延《まんえん》した刹那的・享楽的な空気が「かぶき」の時代を作り出していた。若者たちは女性かと見まがうばかりのはなやかな衣服をまとい、装身具を身につけ、長い太刀を落とし差しに差して、肩で風を切って街頭を闊歩《かっぽ》した。彼らは組を作り、当時高価で珍しかった煙

3　歌舞伎図屏風（右隻）　菱川師宣　東京国立博物館

草を長い煙管《キセル》で呑むことで、互いの盟約を確認し合っていた。彼らの精神、思想は「かぶいて」いたし、当然その外見（髪型、衣裳の形・色・模様、持ち物など）も「かぶいて」いた。乱暴狼藉《ろうぜき》を繰り返す彼らのことを、当時の人々は「かぶき者」と呼んだ（図1）。かぶき者は、一般の人たちから恐れられ、嫌われることもあった。しかし、その一面で人々は彼らの何ものにもとらわれない自由奔放な生き方をうらやましく思い、それに一種の憧れを抱くこともあった。そんなかぶき者が颯爽と茶屋女のもとへと通っていく風俗は、新しい時代の先端を行く格好のいい男の姿に映った。好色、遊興は新しい時代精神の象徴になっていた。かぶき者の風俗に目をつけて、いち早く舞台にあげて成功したのが「かぶき踊り」であり、その代表的なレパートリーが「茶屋遊びの踊り」だったのである。

成立・形成期の歌舞伎――お国歌舞伎・遊女歌舞伎・若衆歌舞伎・野郎歌舞伎――の実際の様子は、数多く残されている洛中洛外図や初期歌舞伎図屏風、あるいは歌舞伎草子などの絵画資料によってうかがい知ることができる。

たとえば、京都国立博物館所蔵の「阿国《おくに》歌舞伎図屏風」に描かれた小屋で演じられているのが、いわゆる「茶屋遊びの踊り」で、お国歌舞伎を代表する一場面である。男装してかぶき者に扮したお国が、女装の狂言師（茶屋のかか）のもとに通う様子を演じた。道化《どうけ》役の猿《さる》若《わか》の姿も見える。舞台の後方に、毛氈《もうせん》を敷いて囃子《はやし》方《かた》が演奏している。楽器は先行芸能である能の囃子を踏襲した四拍子（笛・小鼓・大鼓・太鼓）で、まだ三味線は登場していない。

江戸の歌舞伎は、女歌舞伎時代の寛永元年（一六二四）に、京から下った猿若勘三郎が中《なか》橋《ばし》南地に櫓《やぐら》(1)をあげたのに始まるとされる。これがのちの堺町《さかいちょう》の中村勘三郎座の創始である。初期の江戸では、中村座の他に市村座・森田座・山村座・古伝内《いにしえでんない》座などが幕府に願い出て興行の許可を受け、それぞれ櫓をあげた。

寛永年間における江戸の様子を描いた「江戸名所図屏風」（出光美術館蔵）と呼ばれる八

曲一双の屏風は、寛永当時もっとも賑やかな盛り場を形成していた中橋周辺の様子を写したものとされている。屏風は左隻の第三扇から第六扇にかけて、合計四扇分の画面を大きく使い、前面は海、背後は堀川によって区切られた一大祝祭空間を描き出している。ここには若衆歌舞伎の小屋が二軒、操《あやつ》り人形芝居の小屋が一軒、放下《ほうか》（軽業）の小屋が一軒、そして風呂屋、色茶屋、水茶屋、楊弓場《ようきゅうば》などの歓楽施設が軒を連ねている。

寛文五年（一六六五）に奉納された絵馬（神戸市・近江寺蔵）には、市井のかぶき者の群舞が描いてある。手足を大きく振って歩く独特の形に、[2]丹前六方《たんぜんろっぽう》の原形が認められる。

図2は野郎歌舞伎時代の江戸の[3]放《はな》れ狂言を描いた肉筆の浮世絵である。舞台は「隅田川」で、能の「隅田川」を歌舞伎化したものであろう。舞台上には能の作り物同様の素朴な塚の道具（右端）と象徴的な船を持ち出しているばかりであるが、ほぼ同じ時代の舞台を描いた絵本『古今役者物語』の挿絵をみると、やや進歩した形の大道具が飾られていることがわかる。

図3は菱川師宣《ひしかわもろのぶ》工房で制作された六曲一双屏風の右隻である。時代はやや降《くだ》り、元禄初年ごろの江戸の芝居小屋（中村座）内外の様子を描いている。歌舞伎の小屋は見違えるほど整備され、立派になっている。小屋の表木戸前、舞台と見物席が描かれ、絢爛《けんらん》豪華な浮世の遊興の有り様である。この絵の描かれた時代には、初代市川團十郎も登場し、江戸の見物を喜ばせていた。

芝居小屋は吉原の遊里と並んで、ともに新興都市江戸の繁栄を先取りするように、短い期間に歓楽の巷《ちまた》を形成していった。

(1) 櫓をあげる

幕府に願い出て常設の興行を許可されると、小屋の正面の木戸の上に大きな櫓(座紋をつけた幕をめぐらす)を掲げることができた。小芝居や見世物の興行はそれが許されなかった。そこで、許可を受けて興行を始めることを「櫓をあげる」と言った。

(2) 丹前六方

江戸時代の初期、江戸に風呂屋が流行した。神田の堀丹後守の邸の前にあったものが有名であったことから「丹前」の語が生まれる。風呂屋の湯女《ゆな》を目当てに通っていく男たちの当世風で伊達な風俗や歩き方を歌舞伎に取り入れた演技術を「丹前六方」と呼んだ。「六方」は独特な歩く術。

(3) 放れ狂言

続き狂言の対語。初期の歌舞伎で上演された、それぞれが独立した短い狂言のこと。続き狂言が生まれた後に、「放れ狂言」という語がさかのぼって使われるようになった。初期の歌舞伎は放れ狂言を一日に数作品つづけて上演していたが、寛文(一六六一~七三)頃に初めから終わりまで筋が繫がっている長い作品、すなわち「続き狂言」を演ずるようになった。

初代（一六六〇～一七〇四）

團十郎家の先祖

初代市川團十郎家の先祖は謎に包まれていて、よくわからない。(1) 烏《う》亭焉馬《ていえんば》の『市川家家譜』によると、代々甲州（山梨県）の武士で、永正年間（一五〇四～二一）に北条氏康の家臣になり、天正にいたって小田原没落後、下総《しもうさ》国埴生《はにゅう》郡幡谷《はたや》村（千葉県成田市幡谷）に移り住み、重蔵の代になって市川へ移って郷士《ごうし》となり、江戸初期の慶安・承応（一六四八～五五）のころ江戸に出たという。別に、奥州《おうしゅう》壺《つぼ》の碑《いしぶみ》の近くにある市川村から出たという説（『松屋筆記』巻四）、葛飾《かつしか》郡市川村から出たとする説（後述）などもある。このころの芸能者の出自が明白であるのはむしろ不自然というべきで、後代になってからもっともらしく創作された可能性が濃い。

通説に従えば、初代團十郎は万治三年（一六六〇）江戸の和泉町で生まれ、幼名を海老蔵《えびぞう》と言った。享保十五年（一七三〇）に作られた初代の追善句集『父の恩』の記事によると父親は堀越《ほりこし》重蔵（十蔵とも）と言い、幡谷村の土地を弟に譲って江戸に出たのだとのことである。重蔵はなかなか気骨のある人で、人望厚く地子惣代《じしそうだい》人を務めるほどの顔役だった。侠客《きょうかく》たちとの交際もあり、「菰《こも》の重蔵」とも、また顔に疵《きず》があることから「面疵《つらきず》の重蔵」ともあだ名されていた。著名な侠客唐犬《とうけん》十右衛門と親交があり、初代團十郎の幼名海老蔵の命名者は十右衛門だという伝説も語られていた。

右に述べた團十郎の家の出自にまつわる数々の伝承は、正確であるという保証はないが、初期の一歌舞伎役者の素姓に関するなんらかの真実を伝えているように思われるし、のちに荒事《あらごと》の宗家《そうけ》となる市川團十郎の故郷としてもふさわしい。だが、ここにはなお隠された真実があるようにも思われる。それは、團十郎の血の中に流れていたかもしれぬ宗教芸能民の血筋である。祭祀《さいし》性を重んじた江戸歌舞伎の舞台で、不動をはじめ各種の神像になって示現《じげん》し、大衆から格別の畏敬《いけい》を受け、代々が江戸劇壇に特別の地位を占めることになる團十郎の出自には、あるいは成田山新勝寺に縁故のある修験者《しゅげんじゃ》の家系があったのかもしれない。実証の手だてを欠く想像の説にすぎないが、他の役者にはまったくない宗教的性格が、ひとり市川團十郎の芸だけに色濃く付与されている事実は無視しがたく、そこに何らかの意味を考えてみることも必要だろうと思う。

青年時代の團十郎

少年時代の團十郎が、いつごろから歌舞伎の舞台に登場するようになり、どんな修行時代を送った後に、江戸随一と称賛されるほどの名優になったのかを史料的に確かめることはできない。現在伝わっている史料によって推定できるのは、延宝八年（一六八〇）上演の「遊女論」に不破《ふわ》伴左《ばんざ》衛《え》門《もん》の役を勤めたのがもっとも早い。役者評判記や彼自身の書き記した願文などによって知られる万治三年（一六六〇）の出生とすれば、延宝八年は二十一歳になっている。

『江戸芝居年代記』には、延宝元年（一六七三）中村座の「四天王稚立《おさなだち》」に十四歳で初舞台を踏み、この時早くも顔を塗って荒事を創始したと記されている。坂田公《さかたのきん》（金）時《とき》の役で、紅と墨とで顔に隈《くま》をとり、大柄な童子《どうじ》格子《ごうし》の衣裳に丸ぐけ帯、斧を持って登場し、大江山の場で荒々しい立ち回りを演じて見せたとのことである。従来この説が通説となって永く信じられてきたが、この記事には確証がなく疑問である。すくなくとも当時の人たちは、初代没後の宝永七年（一七一〇）三月刊の役者評判記『役者謀火燵《くらごたつ》』（江戸之巻）の二代目團十郎評文の中に見えているように、荒事の創始は貞享二年（一六八五）市村座における「金平《きんぴら》六条通《がよい》」の坂田金平役だと考えていたらしい。この年とすれば、團十郎二十六歳のことである。かなり進んだといっていい現在の研究でも、二十一歳になるまでの團十郎が、どのような修行をして、どんな役を演じていたかを知ることはできない。

寛文（一六六一～七三）から延宝（一六七三～八一）にかけての時代には、すでに数々の野郎評判記が出版されていて、三都の若衆《わかしゅ》役者や若女形《わかおんながた》役者の評判が記されていたのに、それらの中に若き日の團十郎の名は一度も現れていない。評判記にその名が初めて現れるのは、貞享五年（一六八八）七月に出版された『野郎役者風流鏡』が最初である。團十郎二十九歳。ちなみに、この年は九月三十日に改元され、元禄元年になる。もっとも、この本の評文に書かれている團十郎は、すでに「およそ此人《この》ほど出世なさるゝ芸者、異国本朝に又と有るまじ」というから、この時点ではすでにみごとに出世を果たしており、「おそらくは末代の役者のかゞみとも成べき人」との賞讃を受けていた。近年公にされた『家乗《かじょう》』[2]という史料によって、貞享年間（一六八四〜八八）の團十郎の消息が確認できるようになった（貞享元年・同二年の記事）。これらによると、團十郎はすでに不破、金平、弁慶などの役を演じていたことがわかる。『野郎役者風流鏡』の称讃は、もっともなことと納得できる。しかし、それにしても二十一歳になるまでの舞台経歴がまるでわからず、謎に包まれているというのは不思議なくらいである。

團十郎の修行時代についての異説

現在知られている團十郎の舞台経歴に関する史料の中で、もっとも早い『家乗』に現れる團十郎は、いずれも市村竹之丞芝居に出勤している。彼が若年のころに市村座に所属したこともあったのは確実である。そして、名を残した同時代の他の役者たちと違って子役や若衆役者の時代を経ず、貞享のころになってにわかに、めきめきと出世役者として頭角をあらわしたのも事実であるらしい。これらのことを前提にしたとき、従来無視されてきた[3]『古今雑談思出草紙』が書き留めている伝承についても、なお一考の余地はあるように思われる。

『古今雑談思出草紙』は幕末のころ、江戸牛込に住んでいた栗原東随子（東随舎）と称した武家の隠居らしい人が書き記した随筆である。書名からわかるように、古今、諸国の噂話や珍しい物語を集めて書き留めたもので、その内容には他の書物を引き写したものや、明らかに間違っている事柄も含んでいることから、事実としては信用できない書と評価されてきた。この本の中に「戯場役者市川團十郎家伝の事」と題した一文がある。その内容は他のどの資料にも書かれていない事柄——無名時代の逸話——を語っている点で興味深いものがある。

以下はこれによって記す團十郎出世物語である。

初代團十郎は幼名小三郎、葛飾郡市川村（千葉県市川市）で、商人の子として生まれた。幼いころから聡明で、弁舌にすぐれていた。十三歳の時、田舎まわりの役者に才能を認められ、誘われて役者の仲間に入った。それ以後、処々方々の田舎をまわって実力をつけ、二十七歳のころには田舎芝居の立者《たてもの》（中心になる立派な役者のこと）になっていた。

一座が解散したために単独で江戸に出て、葺屋《ふきや》町の市村座に抱えられる。当初の年給は僅か十二両で、番付にも名が載らない下級役者だった。翌年は六両増えて十八両。その翌年のことである。給金も團十郎と同じ下級役者の権三郎が、正月の初夢に磔《はりつけ》の刑にされる凶夢を見たと言ってふさぎ込んでいた。團十郎はこのことを知り、三貫文を出してその夢を買い取ってやり、「これで、二、三年のうちに給金百両を取る役者に出世できる」と公言した。皆の者は怪しんでいたが、これから團十郎の評判がめきめきと上がり、その年の顔見世《かおみせ》(4)に五十両、次の年に八十両、その次の年に百二十両の高給金取りに出世した。三年前に同じ給金だった同輩は、みんな以前と変わらぬ給金だったから、團十郎との格差は非常に大きかった。

役者たちは大変に驚いた。すると、團十郎は彼らに向かってこう説明した。「悪い夢を見たからといって、凶夢を見たと憂鬱《ゆううつ》がっていたのでは本当に悪夢になってしまう。判断の仕方によっては、凶夢も吉夢に変わるものである。私が思うには、磔になれば人より高い所にあげられる。数万人の見物が寄り集まり、さてさてすさまじい奴だと評判する。多くの人に見上げられ、その結果身のうちに金が入ることなのだから、役者が見る夢としては最高にいい夢だ。だから三貫文で買い取ったのだ」と。

話は珍談・奇談の体裁をとっていて、なるほど信憑性《しんぴょうせい》は薄いように見える。しかし、貞享の時代に、地方から江戸に出てきた無名の青年役者が、運と努力によって人を驚かすほどのスピード出世を果たすということは、実際にあったとしても決して不自然なことではない。年齢の矛盾や、磔の夢を買った件などは疑わしいとしても、出自とにわかの出世に関しては、なにがしかの事実を反映しているかもしれない。

荒事の創始

初代團十郎が荒事を創始するに当たって、当時江戸で人気を集めていた人形芝居の金平浄《きんぴらじよう》瑠璃《るり》からヒントを得たと言い伝えられている。金平浄瑠璃の内容は、坂田金時の子金平が超人的な怪力を発揮して巨大な鬼神・妖怪や悪人どもを退治する有様を物語るもので、当時、堺町で興行していた桜井丹波少掾《たんばのしょうじょう》とその子和泉太夫が語って人気を得ていた。丹波少掾は二尺（約六十センチ）ばかりの鉄の棒をたたいて拍子をとり、人形は毎日岩を割り、首を引き抜くなどの、荒っぽい語り口と演出で観客を熱狂させたと言う。諸地方から集まってきた武士階級と周辺の農村地帯から流入してきた人たちによって形成されつつあった新興都市江戸の街には、殺伐《さつばつ》とした空気があり、旗本奴《はたもとやっこ》や町奴などの「かぶき者」の群れが横行していた。金平浄瑠璃は、そういう江戸の気分に迎えられた。

一方、江戸歌舞伎の中では、團十郎以前から「荒武者事《あらむしゃごと》」と呼ぶ演技類型（パターン）が形作られていた。文字どおり荒々しい武者が立ち回りをする演技で、敵役《かたきやく》系統のものと奴《やっこ》系統のものがあった。團十郎はそれらを統合し、敵役をやっつける正義の味方として演じる新しい荒武者事を創始したのである。金平の活躍ぶりが直接的なモデルであったとするのは誤っていまい。團十郎が顔を隈取《くまど》ることを始めた契機についても、金平浄瑠璃芝居の首《かしら》の影響を受けたのではないかという説もある（諏訪春雄《すわはるお》氏による）。主人公が大切《おおぎり》(5)（一日の狂言の最後）に荒《あら》（現）人神《ひとがみ》の分身《ふんじん》となって立ち現れる、いわゆる「神霊事《しんれいごと》」の演出を伴っていたことが、従来の単なる「荒いこと」と團十郎の「荒事」とを分ける決定的な違いだったように思われる。

絵師の署名はないが菱川師宣《ひしかわもろのぶ》筆とされている延宝六年（一六七八）刊の金平浄瑠璃「四天王鬼退治」（内題は「あたご山大合戦」）(6)の正本《しょうほん》の挿絵では、すでに歌舞伎の荒事のイメージ

4 『兵根元曾我』（絵入狂言本）に描かれた「初代團十郎の竹抜き五郎」（上）と「初代團十郎の曾我五郎と市川九蔵の不動明王」（下）。東京芸術大学

をそのまま見る思いがする。図4上は絵[7]入狂言本に描かれた竹抜五郎の図で、ごく初期の荒事の素朴な姿がしのばれよう。全身にみなぎる力が、すなわち荒事の象徴であった。ここに描かれているのは、元禄十年（一六九七）に中村座で上演した團十郎自作自演の狂言「兵《つわもの》根元曾我《こんげんそが》」の一場面である。親の敵工藤祐経《すけつね》に対面しながら討つことができない曾我五郎は非力を悲しみ、一心に不動明王の加護を念じる。すると、その祈りが通じ、たちまち体内に超人的な怪力が授かり、全身は真っ赤に変わった。その日から三七日《みなぬか》の荒行《あらぎょう》（荒っぽい身心の修行のこと）を始める。初七日には新鍬七挺《あらぐわななちょう》を引き裂き、二七日《ふたなぬか》には大きな竹を根こそぎに引き抜く。さらに三七日《さんしちにち》には石製の五輪塔を砕く。こうして、五郎は不動明王の分身になるのである。竹抜五郎の趣向は好評を得て、狂言本に大きく描かれ、これを元にしたみごと

な浮世絵も制作されて後世に伝えられた（図5）。後に歌舞伎十八番の一番に選ばれた「押《おし》戻《もどし》」は、初代の演じた竹抜五郎を原形《ルーツ》にしていることが、竹を持つ荒事師の姿から察せられる（図66）。この狂言の大切には、朝比奈《あさひな》の中村伝九郎が草摺引《くさずりびき》をする場面も仕組《しぐ》んであった。また、十歳で初めて舞台を踏んだ子供の九蔵《くぞう》（のちの二代目團十郎）が不動明王の役で共演している（図4下）。幼い息子に不動明王の役で初舞台を踏ませたことには、初代の意図があったと考えられる。

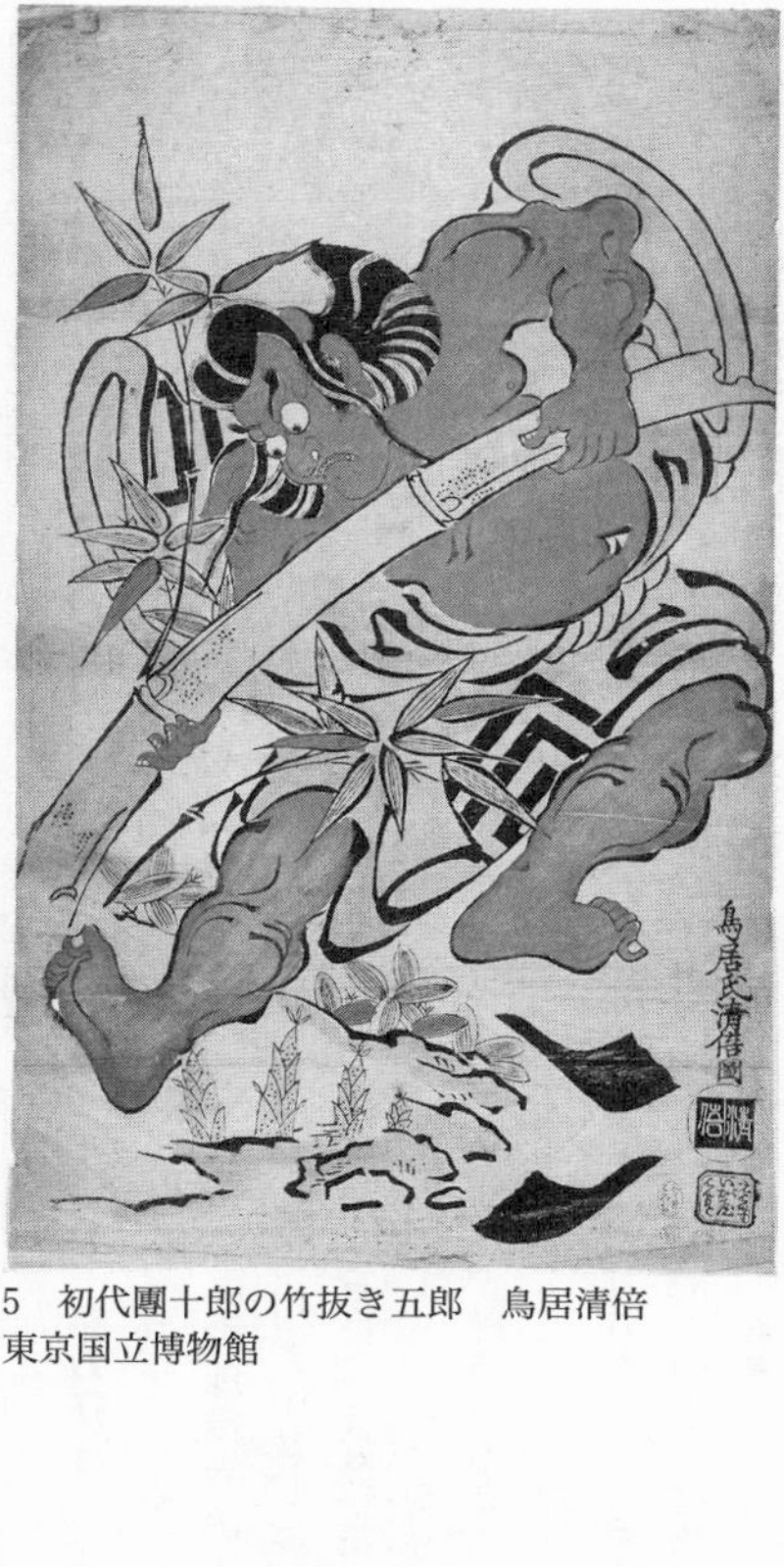

5　初代團十郎の竹抜き五郎　鳥居清倍
東京国立博物館

6　丹前開山市川團十郎（『役者絵尽し』より）

團十郎の狂言

貞享五年（一六八八）七月出版の『野郎役者風流鏡』に、「此《この》市川と申せしは、三千世界にならびなき好色第一のぬれの男にて、御きりやうならぶものなし。丹前の出立猶《いでたちなお》見事なり。せりふ天下道具なり。およそ此人ほど出世なさるゝ芸者、異国本朝に又と有るまじ。実事《じつごと》・悪人其外なにごとをいたされてもおろかなるはなし。ことに学文の達者にて、仕組《しぐみ》の名誉人知らぬものなし。当世丹前役者の元祖。お江戸におゐて肩を並ぶる者あらじ。威勢天《あめ》が下に輝き、おそらくは末代の役者の鑑《かがみ》とも成るべき人なり」とある。早くも江戸劇壇における第一人者と絶讃されていた團十郎は、芸の幅が広く、卓越した技芸の持ち主であった。元禄時代に出版されたと思われる『役者絵尽し』（古山師重画）に、「丹前開山」と文字がある（図6）。いま橋がかりを練り出した團十郎の、右手と右足が前へ、左手と左足が後へという特徴をもつナンバの「丹前六方《たんぜんろっぽう》」の様子が描かれている。彼は学問・文芸に才能があり、自分の主演する狂言を自分で仕組《しぐ》む（作品の構成をする）ことができた。「参会名護屋《さんかいなごや》」（元禄十）における不破伴左衛門、「兵根元曾我」（同十）における竹抜五郎、「源平雷《なるかみ》伝記」（同十一）における鳴神《なるかみ》上人《しょうにん》、「当世小《お》国《くに》歌舞妓」（同十二）における荒獅子《あらじし》男之助《おとこのすけ》、「傾城《けいせい》王昭君」（同十四）における象引《ぞうひき》の山上源内、「成田山分身《ふんじん》不動」（同十六）における大友黒主《おおとものくろぬし》と胎蔵界《たいぞうかい》の不動明王など、荒事の主人公となって活躍する狂言のほとんどの作者は市川團十郎その人だった。「口立《くちだ》て」と称して、口頭で打ち合わせするだけだった時代から、筋と内容の複雑化に伴って起こってきたのが狂言作者（「作り」とも）の出現であり、その初期には多く主役にはならない老練の道外《どうけ》形《がた》や親仁《おやじ》形《がた》の役者がこの役を兼ねていた。この点でも團十郎は異色だった。自身で思うままに作品を作り、その主人公を演じていく過程で、「團十郎の荒事」の独特な性格は固まっていったのである。

　元禄十六年（一七〇三）四月森田座上演の「成田山分身不動」は名題《なだい》どおり成田不動尊の利益《りやく》を仕組んだ狂言で、團十郎が胎蔵界の不動を、倅《せがれ》の九蔵《くぞう》が金剛界《こんごうかい》の不動を演じて好評を得た（図17）。初代の荒事は、このような父子共演の舞台を通じて、技術的にも精神的にも幼い九蔵の肉体に受け継がれていく。

　團十郎は「市川（河）團十郎」の名で狂言作者としての署名をしているが、いくつかの狂言本には「三《み》升屋《ますや》兵庫《ひょうご》」の作者名（作者としての筆名）も記している。市川家を象徴する三升の定紋《じょうもん》（174頁参照）に、初代が格別の愛着を持っていたことが、この別号によってもわかる。

江戸歌舞伎と浮世絵の密接不可分な関係は江戸時代を通じて変わらなかった。つねにその中心にあったのが、元禄時代以降江戸の劇場に所属する形で看板や各種の番付に載せる絵や、さまざまな様式の芝居絵を描いていた鳥居《とりい》派の絵師たちであった。同派の初代鳥居清信《きよのぶ》の描いた絵本として著名なものに『風流四方屏風《ふうりゆうしほうびようぶ》』（上下二冊・元禄十三年刊）があり、三十九名（四名を重出させ、延べ四十三名）の役者の舞台姿を描いている。演劇史的価値の高いのはむろんのことだが、より以上に絵画としての価値が高い傑作である。鳥居派代々の典型的描法となる瓢簞足《ひようたんあし》・蚯蚓描《みみずがき》の線描がここに際立《きわだ》った特色を示している。鳥居清信の代表作でもある。

元禄の上方劇壇

元禄文化は、江戸よりも上方において洗練され、高度な水準を示していた。とりわけ京都では、王朝時代以来の永い文化伝統の上に立ち、経済力を持ってきた新興町人の支持を背景として、さまざまの分野で文化の興隆を見せていた。

歌舞伎にあっては、坂田藤十郎・山下半左衛門・竹嶋幸左衛門らの立役《たちやく》、水木辰之助・荻野左馬之丞・芳沢あやめらの若女形を中心に、女歌舞伎以来の伝統になっていた傾城買事《けいせいかいごと》を軸に取りこんだ御家騒動狂言や、実際に市井《しせい》で起こった異常事件を脚色した世話物が盛んに上演された。近松門左衛門は狂言作者として、主として藤十郎のために執筆し、「傾城仏の原」「姫蔵大黒柱《ひめくらだいこくばしら》」「傾城壬生《みぶ》大念仏」などの作品を書いた。藤十郎・あやめ両人の芸風に代表される上方の元禄歌舞伎では、写実的な演技術と演出が求められ、江戸の歌舞伎とは異質な体質のものとして成長していたのである。町人都市の大坂においても、合理的な作風や芸風が好まれていた。三都それぞれに、構成員たる観客大衆の気質を反映して独自の風を育《はぐく》んでいた。

この時代の演劇史の上では、坂田藤十郎による「やつし」「濡《ぬ》れ」の芸が、いわゆる「和《わ》事《ごと》」として洗練の度を加えたこと、芳沢あやめによって若女形の写実芸が確立されたことの二つをとくに掲げておかねばならない。この時代の上方役者の芸風の特徴は、安永五年（一七七六）刊の『役者論語《ばなし》』(8)に載っている芸談からよくうかがうことができる。

上京した團十郎の評判

團十郎は、三十四歳の元禄六年（一六九三）暮れに両親妻子を伴って京に上り、四条南側の村山平右衛門座の顔見世狂言に出演した。しかし、在京期間は僅か一年だけであり、翌年九月の「熊谷名残盃《なごりのさかずき》」をお名残《なごり》狂言として演じて江戸に帰った。京での一年間、彼はお家の荒事を披露したものの、上方の気風に合わなかったせいか評判はあまりかんばしいものではなかったようだ。「一たん京の見物くふたやうにはあつたれ共、第一あらい事がゑもの也。是《これ》京にくはぬふう也。ぬれ事がぶゑて（不得意）さふな。其うへ物いはるゝにいきつぎせはしく、じゆつなさふに見へてきのどく」（元禄十二年三月刊『役者口三味線』市川團十郎評文）とか、「前方《まえかた》市川團十郎のぼられしかども、余りそれ程に評判もよろしからず、くだられてから．跡迄も人がいひ出しもせずして．只《ただ》例の都衆のわる口に．市川は狂言があらく．棒もつておひまはしたり．人の首引抜所．公平《きんぴら》や不動などになられては．よい所が有《ある》とのさた」（元禄十三年三月刊『役者談合衝《だんこうづく》』中村七三郎評文）などと評されている。せりふが聞きづらいと難を打ち、濡事が不得手で荒い事よりできないと批判したのは、所詮荒事の芸が「京にくはぬふう」（喜ばない芸）だったからであり、そのことがまた江戸における團十郎贔屓をいっそう際立たせる原因ともなっていたのであろう。

なお、この上京を機に、團十郎は俳人(9)椎本才麿《しいのもとさいまろ》に入門し俳諧を学ぶようになる。才牛《さいぎゅう》という(10)俳名《はいみょう》は、團十郎が京の村山平右衛門座で演じた「巡逢恋《めぐりあう》の七夕」の牽牛星《けんぎゅうせい》の役にちなんで「牛」の一字を取り、師の才麿が贈ったものだと言う。

初代が自作の句「残菊や」を書いた短冊が伝わっている。

江戸の和事

元禄時代の江戸で、初代團十郎と並んで活躍した名優が初代中村七三郎《しちさぶろう》（一六六二〜一七〇八、俳名少長《しょうちょう》）である。彼は團十郎の荒事とは対照的な和事の名人だった。「江戸和事の祖」とされる。当時の評判記は彼を指して「濡事の開山」と言い、「愁い事．実事やつし．傾城買いの名人」「好色第一のつや男」などと称《たた》えている。小柄ながら美貌で人気を集めた。七三郎が京へ上った時のこと、隣の座の坂田藤十郎がこれを警戒し、狂言作者を呼んで決して油断するなと注意したと言う。藤十郎は七三郎の芸を高く評価し、親しく交わった逸

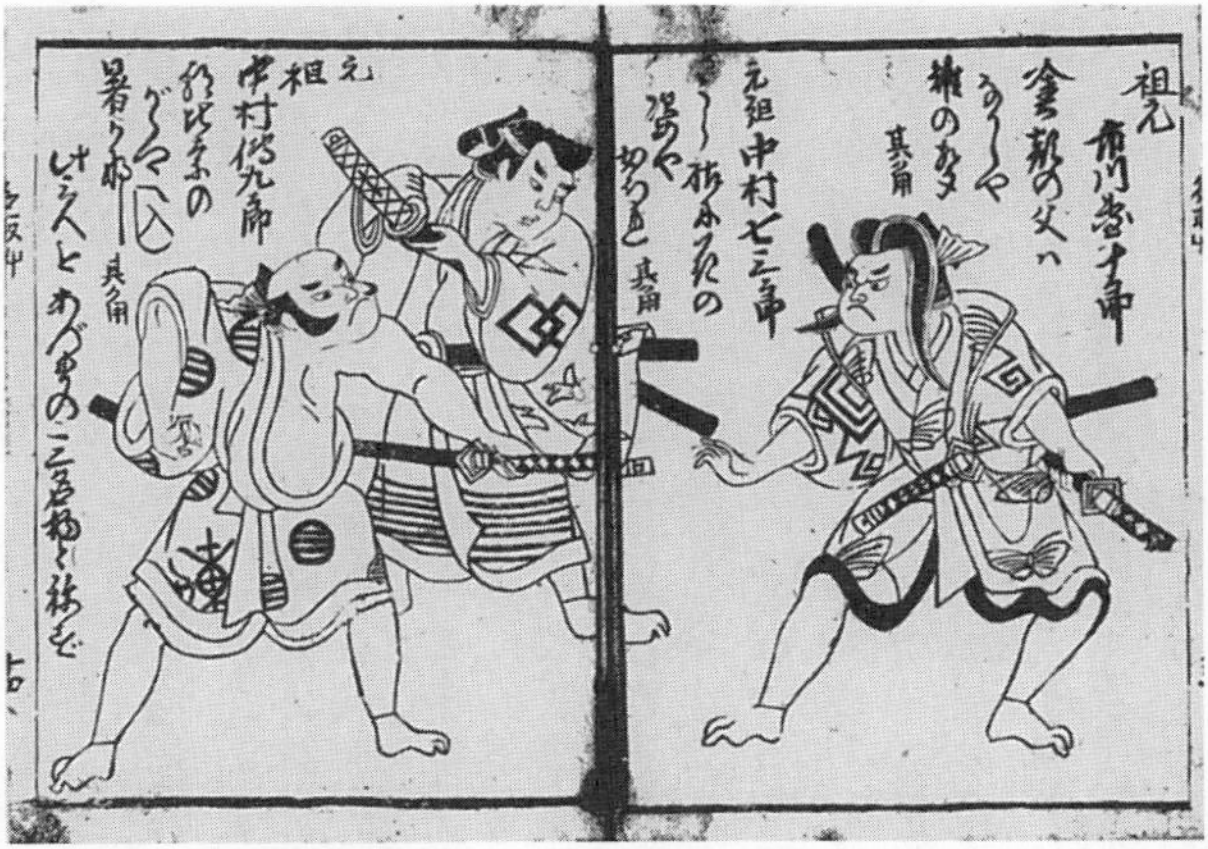

7　『名取草』挿絵　元禄江戸の曾我狂言　初代團十郎・中村七三郎・中村伝九郎　国立国会図書館

話が『賢外集《けんがいしゅう》』に載っている。京で編集・出版されていた役者評判記は、長い間立役の巻頭《かんとう》（第一位のこと）を七三郎とし、初代團十郎を次位に据えていた。團十郎は「ぬれ事がぶゑて」であり、得意の荒事は「京にくはぬふう」と切り捨てて評価されなかったことを考えれば、これも当然だったと言えよう。

江戸で祝祭的な狂言となり、毎春の吉例として演じられた曾我狂言にあって、十郎の役をやわらかい和事の様式で演じたのは七三郎からのことである。五郎の役を荒事で演じた初代團十郎、朝比奈の役を奴荒事で演じた初代中村伝九郎の三人を並べて「東《あずま》の三名物」と呼んで賞美した（図7）。彼らが創造した三人の役のタイプが、以後の曾我狂言における典型となった。

團十郎の死

初代團十郎は元禄十七年（一七〇四）二月十九日、市村座の「わたまし十二段」に出演中、役者の生島半六《いくしまはんろく》に舞台で刺し殺された。その原因は、不倫の行為をいさめた團十郎を半六が逆恨みした結果である（『古今雑談思出草紙』）とか、半六の息子善次郎に対して團十郎が恥を与えたことの恨みによる（『武野俗談』）とか、さまざまに語り伝えられているが、むろん正確なことはわからない。享年四十五歳であった。芝増上寺の常照院に葬る。法名を門《もん》誉入宝覚栄信士《よにゅうほうかくえいしんじ》と言う。

『花江都歌舞妓年代記』は團十郎贔屓の烏亭焉馬（立川談洲楼《だんじゅうろう》焉馬）が編纂した江戸歌舞伎の上演記録である。この書は初代團十郎が横死したことについていっさい触れず、「市川團十郎佐藤忠信の役を此世の名残として、嗚呼惜哉《ああおしいかな》、行年四十五才西方《さいほう》浄土の歌舞の菩薩と成《なる》」とだけ記している。團十郎家にとって不吉な出来事だから、あえて避けたのだろうか。

初代が没した翌年（宝永二年）正月、江戸で團十郎を追悼する意を託した[11]『宝永忠信物語』という書が出版された。その一之巻に、初代の出生から不慮の死までのことを虚説を加えた物語として記してある。また、三之巻では市川團十郎、坂東又太郎の二人が亡くなり、冥土《めいど》の賽《さい》の河原に新芝居をこしらえて興行を始める趣向の物語が展開する。名優が没すると、西方浄土の極楽芝居へ出演するために旅立ったとする追善の文章や死絵《しにえ》（119頁参照）が制作されることが多い。この本はその早い例である。なお、この本は、初代の没後十三年忌にあたる正徳六年五月に、『正徳追善曾我』と改題して出版されたらしい。

（1）烏亭焉馬
戯作者。五代目團十郎の熱烈な後援者で、『花江都歌舞妓年代記』の編者。『市川家家譜』の内容は、『團洲百話』（明治三六年、金港堂刊）に所収のものによった。焉馬について詳しくは113頁参照。

（2）『家乗』
紀州藩の家老三浦家の儒医が書き残した詳細な日記。寛永十九年（一六四二）から元禄十年（一六九七）まである。当時の芸能の見聞が丹念に記されているのが貴重である。

一九八四年に清文堂出版から翻刻が出版された（和歌山大学紀州経済史文化史研究所編）。

（3）『古今雑談思出草紙』
翻刻は「日本随筆大成（第三期）４」に収められている。

（4）顔見世
江戸時代毎年十一月に行われた、それから一年間その劇場に出演する俳優の顔触れを披露する重要な興行のこと。劇場と俳優の契約は原則として十一月から一年間で、江戸・京・大坂とも、毎年十一月一日初日の顔見世興行が一年の起点となっていた。興行形態が異なる現代には、その名称だけが受け継がれている。

（5）大切
一日の長い狂言の最後となる場面のこと。「大喜利」とも表記する。上方の狂言では「大詰《おおづめ》」という。

（6）正本
浄瑠璃の詞章を板本として出版したものの称。浄瑠璃の太夫の原本を誤りなく正しく写したという意味から用いられた。歌舞伎の台帳も正本と呼ぶことがある。

（7）絵入狂言本

元禄期の歌舞伎狂言は、台帳（のちの台本）が残されていないけれども、絵入狂言本（単に「狂言本」ともいう）と呼ばれる板本が出版されていたので、これによって構成やその内容を知ることができる。絵入狂言本は台帳そのままではなく、物語のように書きあらためてあるが、せりふの部分に舞台のそれをそのまま使ったと思われるものがあり、特定の場面に使用された浄瑠璃の指示も含まれているので、ある程度実際の舞台の姿を想像することができ、貴重な資料である。三都（京・江戸・大坂）で出版された。

（8）『役者論語』

「やくしゃばなし」と訓む。安永五年（一七七六）に京の八文字屋から出版された歌舞伎役者の芸談集である。「優家七部書」とも称されるとおり、七種の書物を集めた体裁をとっている。七部は、『舞台百ケ条』『芸鑑《げいかがみ》』『あやめぐさ』『耳塵集《にじんしゅう》』『続耳塵集』『賢外集《けんがいしゅう》』『佐渡嶋日記』である。元禄の上方歌舞伎をもっとも質の高い時代だったと考える編者二代目八文字屋自笑が、安永の出版当時における歌舞伎役者の技芸を評価するための基準となる芸談として提供したものと思われる。坂田藤十郎、芳沢あやめらの写実を目ざした技芸の心得や修行の苦心談は、現代にあっても価値が高い。また、元禄時代前後の狂言作成の過程についての記述も貴重である。この書に対応する江戸の芸談集がないのが残念である。日本古典文学大系『歌舞伎十八番集』に翻刻が収載されている。

江戸役者の芸談集としては、明和九年（一七七二）に出版された『古今役者論語《ろんご》魁《さきがけ》』がもっとも早い。この書には、二代目團十郎、初代澤村宗十郎、初代中村七三郎、初代瀬川菊之丞、八代目市村羽左衛門ほか享保以後の江戸で活躍した名優たちの芸談が収められている。日本思想大系『近世芸道論』に翻刻が収載されている。

（9）椎本才麿（一六五六～一七三八）

元禄～享保期を中心に活躍した上方の俳人。大和国（奈良県）宇陀《うだ》郡の人。初号、則武《のりたけ》、別号、西丸・才丸など。西武《さいむ》、井原西鶴《さいかく》、宗因《しゅういん》に学ぶ。延宝五年（一六七七）ごろ江戸に下り、同七年『坂東太郎』を出版。松尾芭蕉《ばしょう》らと親交があった。元禄二年（一六八九）大坂に帰り、大坂の俳壇の中心的人物となった。

（10）役者の屋号と俳名

すべての歌舞伎役者は屋号を持っている。市川團十郎の成田屋、尾上菊五郎の音羽屋、中村勘三郎の中村屋、市村羽左衛門の橘《たちばな》屋、中村歌右衛門・中村鴈治郎の成駒屋、中村雀右衛門の京屋、瀬川菊之丞の浜村屋、岩井半四郎の大和《やまと》屋、松本幸四郎の高麗《こうらい》屋などはその代表である。役者の祖先の出身地とも、また役者が兼業として開いていた油見世《みせ》や小間物屋などの商見世《あきないみせ》につけた名称と言われるが、実際にはさまざまなものが混在しているようである。家族・親戚筋や門弟などが一門を形成する場合は同じ屋号を用いる。

江戸時代の役者はみな俳句をたしなんだので、それぞれの俳名をもっていた。市川團十郎の才牛・三升《さんじょう》・栢莚《はくえん》・白猿《はくえん》など、尾上菊五郎の梅幸《ばいこう》、瀬川菊之丞の路考《ろこう》、岩井半四郎の杜若《とじゃく》など。俳諧は役者の重要な教養の一つとされ、歳旦《さいたん》や名優追善の句集の類に自作の俳句を寄せている例が多い。同じ名跡を名のる役者は同じ俳号を使うことが多いが、市川團十郎の例によってわかるとおり、好みによって変えた例もある。後代になると本来俳名だったものがそのまま芸名として用いられることも生じた。梅幸、芝翫《しかん》、三升はその例になる。

（11）『宝永忠信物語』

七代目團十郎が『宝永忠信物語』と改題再版本の『市川正徳追善曾我』の両書を部分的に取り合わせ、河竹黙阿弥に写させたものが、『新群書類従・第三』に翻刻して収めてある。書名は一之巻の板本により『市川正徳追善曾我』となっている。

二代目（一六八八～一七五八）

不動の申し子

市川團十郎という名跡《みょうせき》を、江戸劇壇の中心的存在として揺るぎなきものにしたのは、じつに二代目團十郎の偉大な功績であった。どの分野でも、二代目の実力と生き方がその家の将来の盛衰を決定づけると言われる。父親の初代が卓越した役者だったことが、若い二代目の肩に重苦しくのしかかっていたことであろう。だが、彼は役者としても、また人物としても父親に勝るとも劣らぬ大きな器《うつわ》であり、苦難を越えてみごとにその責任を果たし、さらに発展させることができたのである。そして、二代目團十郎の活躍が単に市川團十郎家の劇壇における地位を確たるものにしたと言うにとどまらず、「江戸歌舞伎」の基盤を作り出す鍵を握っていたと言っても過言ではない。

二代目團十郎は元禄元年（一六八八）十月十一日に初代の長男として生まれた。幼名を九《く》蔵《ぞう》という。初代が崇拝する成田不動尊に祈願をこめて、授かった子であるという噂があった。初代はまるで中世説話の世界を地でいくかのように、九蔵を成田不動明王の「申し子」だと唱え、この子は生まれながらにして荒事《あらごと》の演者にふさわしいことを江戸の人びとに承認してもらおうとしたのではなかろうか。みずからの腕で築き上げた地位と技芸を注意深く幼い九蔵に受け継がせようと心をくばった初代の慈愛も深かった。そのことが、初代團十郎自作の狂言における父子共演の仕組《しぐ》みを見るとよくわかる。初舞台は十歳の元禄十年（一六九七）五月、中村座の「兵根元曾我《つわものこんげんそが》」における山伏通力坊《やまぶしつうりきぼう》、のちに不動明王の分身《ふんじん》となって初代の曾我五郎とにらみ合うところで評判を取った（図4下）。また、奇しくも親子共演の最後になった「成田山分身不動」（元禄十六年四月、森田座）では、大切《おおぎり》に初代の胎蔵界《たいぞうかい》の不動と九蔵（二代目團十郎）の金剛界《こんごうかい》の不動とが一体分身として示現《じげん》する場面があった（図17）。この時、不動の秘芸を親から子へと伝授したと伝えられている。狂言の仕組みにして、観客の面前で自他ともに許す得意の芸を親から子へ、師匠から高弟へ伝授したり譲り渡したりすることは、当時しばしば行われたことだった。

父の死はにわかにやってきた。初代が舞台で斃《たお》れた元禄十七年、九蔵はまだ十七歳だった。父親の庇護《ひご》を失った若い九蔵に対する周囲の眼はけっして暖かくはなかった。わずかに生島《いくしま》新五郎・宮崎伝吉の二人だけが、失意の九蔵を守り立て、その力になってくれたのだという。

生島新五郎（一六七一～一七四三）は江戸和事《わごと》の名人と評判の高かった初代中村七三郎（36頁参照）の跡を継ぐ美男役者で、濡《ぬ》れ、やつしの名手と称賛されていた人だった（図

8　霧浪瀧江・生島新五郎（中）・二代目市川團十郎　ホノルル美術館

8）。「女中がたがお好きになるのも道理」と評判される当代一の人気役者であった。二代目は若年のころに生島新五郎の指導を受けたことにより、豪快な荒事芸ばかりでなく、「市川一流のぬれ事」と賞美されるほどの優雅でやさしい和事芸や、(1)実事《じつごと》をも演ずることができるようになったのである。彼の芸域の広さが、とかく荒々しさに傾きがちだった江戸の歌舞伎を洗練する方向に役だったのはむろんである。

荒事芸の継承

父の死後しばらく舞台を休んだ九蔵は、七月の山村座に出演して二代目團十郎を襲名、舞台で亡父追善の口上を述べ、父譲りの衣裳で荒事を演じて見せた。口上の時、宮崎伝吉と若き團十郎は泣き、諸見物も袖《そで》をしぼったと評判記（『役者謀火燵《くらごたつ》』）にある。初代を追慕する江戸の見物たちの同情によって、暖かく迎えられた出発だった。翌宝永二年（一七〇五）四月刊の『役者三世相《さんぜそう》』に立役《たちやく》の「中ノ上上」に位付《くらいづ》けされ、「あら事さすが親ごのうつり有てよし」「角《すみ》かづら似合よし御精《せい》出され〳〵」などと励まされている。

宝永七年に山村座で、初代の七回忌追善として「門松四天王」の鳴神《なるかみ》上人を演じ、荒事芸の継承を公に示した。しかし、当時の評判記の記述は、彼についてかなり厳しく、「諸人愛《あい》敬《ぎょう》・口のはたらき親父に生うつし」と褒める一方、「親の光で芸より評判すぐれて其名高し」などと評されていた。若輩なのだから当然といえば当然だが、なかなかいい役はつかなかった。後年になってこの頃のことを回顧して、二代目はこんなことを言っている。「山村長太夫座で、十六の年（註—二代目が『よめとり飛騨内匠』の狂言でうきん竜きぼとんの役を勤めたのは宝永三年で十九歳の時が正しい）[2]二立目《ふたたてめ》に、うりんりうきはん（原文にある役名）という唐人の役で、その幕だけに登場する軽い役だった。その次の興行では、猪《い》の早太の弟の猪の小弥太という悪い役で、さてさて腹立たしいことだった。母親のお戍は『父親に死別し、お前が百両を取る役者になるまでは見物するまい』といって悔しがった」（現代語に直した)。役不足をかこって嘆いていた様子が想像される。苦しい時期だったのに違いない。

絵島生島事件の波紋

正徳四年(一七一四)、江戸の劇界を震撼《しんかん》させる大事件が起こった。

明暦三年(一六五七)の大火以来、江戸では中村・市村・森田・山村の四座が興行を許されていた。ところが、元禄・宝永を経た正徳四年二月、(3)絵島《えじま》(江島とも表記)生島《いくしま》事件によって、山村座は廃絶、二代目の恩人である生島新五郎も遠島を命じられてしまった。

二代目は、事件の時たまたま山村座で新五郎と同座していたが、幸いにも町へお預けというだけの軽い処分で済んだ。この理由について、おもしろい逸話がある。絵島が、團十郎を自分の桟敷《さじき》に招いて朋輩たちに自慢しようと何度も呼びにやったが来ない。やがて團十郎から短冊に発句を書いて贈ってきた。團十郎はこの時景清を勤めていたので、それに掛けた句で「景清は桟敷へ顔を出さぬ者」とあった、というのである。悪七兵衛《あくしちびょうえ》景清は大仏開眼の時、乞食に(身を)やつし、顔を隠して桟敷の頼朝《よりとも》を狙った説話が有名だった。その常識をうまく使い、絵島の桟敷へは行かなかったので危うく難を免《まぬか》れたという話である。実際には、この興行で二代目は景清を演じていないから、作り話に違いないのだが、俳諧に堪能だった二代目にふさわしい逸話として語られていたのであろう(『甲子夜話《かっしやわ》』巻六十一)。

「暫《しばらく》」の演出

事件のために山村座は六日間で閉鎖されてしまった。そこで、二代目は年度の途中から森田座に移り、その年十一月の顔見世《かおみせ》からは中村座に出勤する。この時の狂言は「万民大福帳《ばんみんだいふくちょう》」で、二十七歳の團十郎が鎌倉権五郎景政の役名で「暫」を演じた。「暫」の趣向は、初代が元禄十年（一六九七）に演じた「参会名護屋《さんかいなごや》」の中で仕組《しぐ》んだのに始まり、以後しばしば演じたが、二代目は従来の野郎頭に鎌髭《かまひげ》の赤塗り、小具足《ぐそく》、小手、素足に脛当《すねあて》、大太刀に三升《みます》の角鍔《かくつば》、苧縄《おなわ》の鉢巻の扮装をあらため、角鬘《すみかずら》に力紙、柿色の素袍《すおう》、大太刀、筋隈《すじぐま》の扮装にし、揚幕《あげまく》の中で「暫く、暫く、暫く」と三声呼ぶ演出を創めたと言われる。この扮装と演出が江戸の顔見世狂言における吉例となって定着した（図9）。この興行の時の口上に、「十三年以前に此《この》中村にて『ざん切《ぎ》りの九蔵めでござる』と．引合され．誠に私義孤《みなしご》でござります．竹十郎には是成平九郎．広次には広右衛門など申て．歴々付そひまかり有に．十一年以前に父に捨られまして．木挽町《こびきちょう》におりまして親が名を預り物のやうにいたし．私は只ひとり物でござります．此上は皆様御ひいきを以て．本《もと》の團十郎になされ下されませ」と言い、早く父親を失った身の孤独を観客に向かってアピールしたようである（『役者懐《ふところ》世帯《せたい》』）。

初代から二代目へ継承された荒事の芸は、上方《かみがた》に対する江戸人の心意気を象徴するものとしてしだいに人気を高めた。享保十三年（一七二八）正月、初代と二代目が主演した狂言の絵入りの記録である『諸芸評判金之揮《きんのざい》』が出版されている。刊年が享保十三年正月であることは、同年三月刊の『役者色紙子《いろかみこ》』の記事によって確認される。この本は、以後おびただしく出版される團十郎関係の出版物のごく早いもので、江戸人の二代目贔屓《びいき》の産物であった。

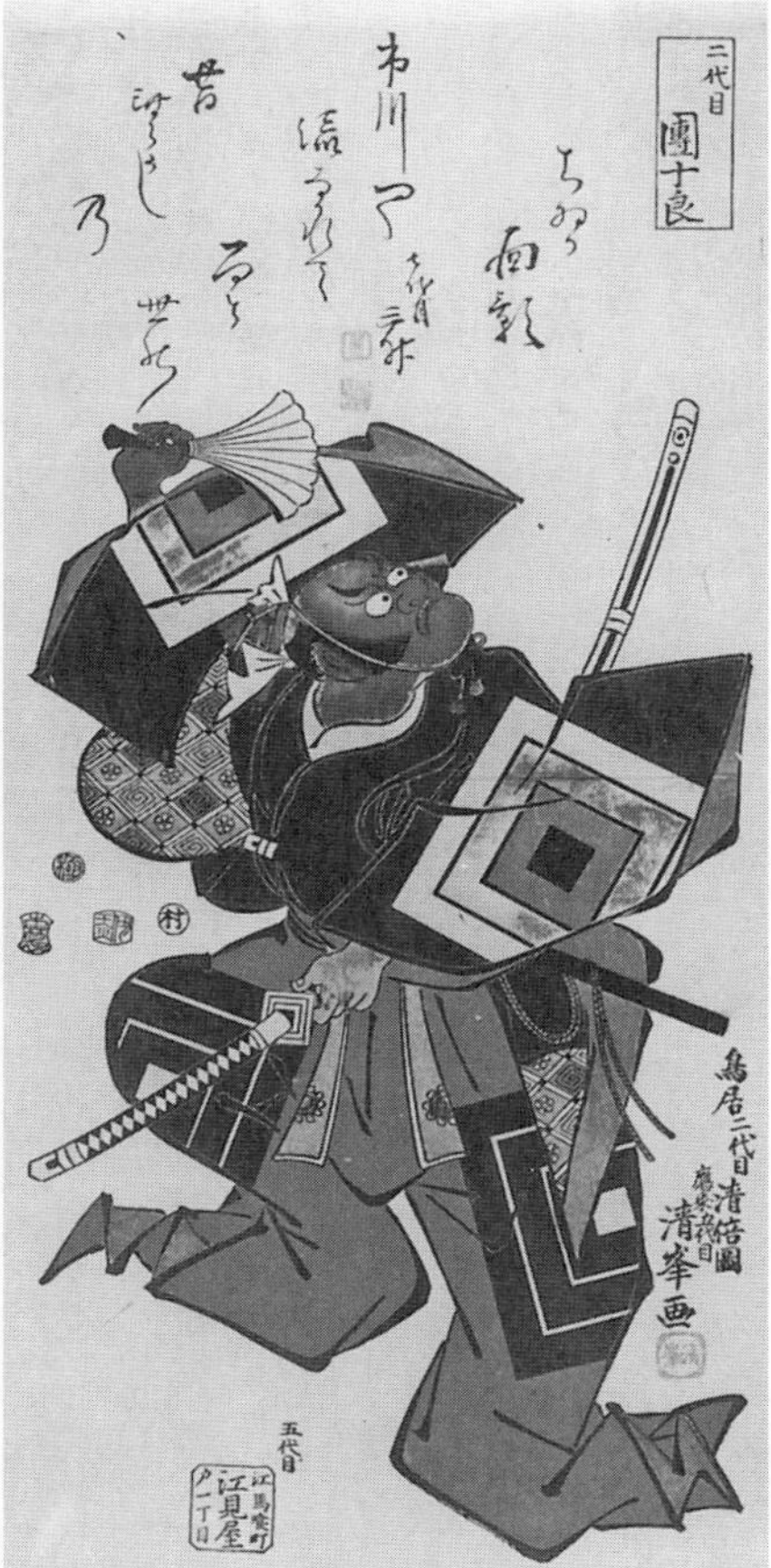

9　二代目團十郎の暫　鳥居清峯　東京国立博物館

二代目は庭の牡丹の花を眺めていて、(4)隈取《くまど》りをぼかすことを思いついたと言われている。彼は芸咄《げいばなし》に「隈どりは太きがよし。地の白粉《おしろい》は、隈どる時は斑《むら》がよし。紅粉《べに》はうすきがよし。濃きは黒く見へるなり。紫は紅と藍《あい》がよし。生黄は毒なり。箔《はく》を置くは梳《すき》あぶらなり。白粉はしり過ぎいかぬときは、白粉をして紙にて拭き、つくれば付くなり」(『古今役者論語《やくしゃろんご》魁《さきがけ》』)と隈取りについての工夫を語っている。

隈取りのアイディアについては、古くは中国古典劇の臉譜《れんぷ》からの影響が考えられてきた。しかし、近年では憤怒形《ふんぬぎょう》の神像（不動明王像や仁王像）の影響が想像されている。他に金平浄瑠璃の首《かしら》に倣ったとの説もある。郡司正勝氏は、二代目の日記『老《おい》のたのしみ』の中に、二代目が中国の書物を取り寄せて読んでいることに着目し、臉譜からの影響を考える説を一蹴することをせず、可能性に含みを残しておられたのが注目される（日本古典文学大系『歌舞伎十八番集』月報）。

芸の拡張

二代目は「お家のもの」の荒事を継承しただけでなく、積極的に自分の芸の幅を広げようと努めた。

彼自身後代になって、若いころを回顧して「いかにも小兵《こひょう》にてひよわき生まれ」だったと言っている。世間から「父親に生きうつし」と評された荒事は「どうしたら強く見えるだろうか」という苦心と精進の結果だったのである。そういう天性を持った二代目は、初代にはなかった和事風の役柄をも演じることができた。江戸の和事師として名声のあった生島新五郎の影響もあったと思われる。さらには、彼の生きた時代がそれを要求したのでもあった。

上方に遅れて出発した江戸の庶民文化であったが、元禄を経過して享保期（一七一六〜三六）になると、上方文化との交流もあって、しだいに独特な文化を形成しつつあった。かつてのように、殺伐な雰囲気が残っていて、いちずに豪快な演技を喜ぶ単純な気風の時代ではなくなっていた。荒事だけが得意というのでは、もはや済まなくなってきたのである。

二代目は、享保二年に「国性爺《こくせんや》」の和《わ》藤内《とうない》を荒事で演じて成功したのを機に、これ以後「曾根崎心中」の平野屋徳兵衛、「心中天網島《てんのあみじま》」の紙屋治兵衛、「心中重井筒」の徳兵衛（図10）など、近松門左衛門作の世話浄瑠璃を歌舞伎化した作品の主人公を積極的に演じた。荒事の他に、実事・濡れ・やつしをも得意として評判を得たのである。

享保四年（一七一九）正月、中村座の「開闢月代曾我《かいびやくさかやきそが》」には曾我五郎の荒事と曾根崎心中の徳兵衛の和事という対照的な二役を演じた。まことに二代目の面目躍如の舞台だったと言ってよかろう。

「助六」初演

二代目團十郎が江戸歌舞伎史のうえに残した功績は多いが、中でも、もっとも大きいものは「助六」劇を初演し、生涯三度の上演によって扮装や演技に工夫と改良を加え、後世に(5)残る様式を仕上げたことである。正徳三年（一七一三）四月、山村座の「花館愛護桜《はなやかたあいござくら》」の二番目に、二十六歳の二代目は初めて助六を演じた。翌年春に刊行された評判記に、「去春助六を男伊達《おとこだて》にしていたされた芸などは、上方人に見せても我《が》を(6)折り給ふべし（感心なさるだろう）」と評された。もともとこの素材は、上方で起こった心中事件から出て上方で劇化されていたから、助六は和事的な要素の濃い役どころであった。二代目はこれを江戸の男伊達に変え、荒事芸の基本に和事味を加える独特な演技によって創造した。初演の時は、蛇《じゃ》の目傘

10　二代目團十郎の紺屋徳兵衛と二代目三条勘太郎の重井筒屋おふさ　ギメ美術館

を持っての出端《では》の振りなどもなく、尺八を振りあげて男伊達を追って走り出るといった登場のしかたによってもわかるとおり荒事気分の濃い演出だった（図11）。その三年後、正徳六年（一七一六）の「式例《しきれい》和《やわらぎ》曾我《そが》」の時には、「助六じつは曾我五郎」という設定が始まったばかりでなく、扮装を含めて全体的に和事味が濃くなった。そして、それから三十三年後の寛延二年（一七四九）、六十二歳で演じた二代目最後の上演で、ほぼ現行に近い扮装と演

11　二代目團十郎が創演した助六劇　狂言本を写したもの（『近世奇跡考』より）

出の「助六」劇が完成されたのである（図12）。

家の芸の確立

二代目は初代から継承した曾我五郎の役や「不動」「暫」「鳴神」などに改良を加えて演出を洗練したほか、「助六」「矢の根」「毛抜《けぬき》」「外郎売《ういろううり》」「景清《かげきよ》」「関羽《かんう》」「七つ面」「押戻《おしもどし》」など、のちの歌舞伎十八番に含まれることになる数多くの荒事劇を創始し、いわゆる「家の芸」を確立した（150頁参照）。

そのことが可能だったのは、二代目の演技が荒事の骨法を基本にしながら、和事風のやわらか味をも取り入れていく新しいタイプの表現法であったことから、これが元禄以前の豪快好みを底におきながら向上と洗練を求めていたこの時代の江戸文化の型を体現しており、それによって絶大な人気を集めていたからである。隈取りの様式性を完成させたのも彼の功績であった。

享保六年（一七二一）正月「大鷹賑曾我《おおたかにぎわいそが》」の曾我五郎の役が大当たりを取り、十月まで二百八十日間興行を打ち続けた。そこで、三座協議のうえ團十郎に一躍千両の給金を与え、かつ以後毎年六月は夏の休みを与えるという厚遇を定めたと言う。「看板に偽りのない随市川《ずいいちかわ》」との讃辞は、「千両役者」の待遇とともに、三十四歳のころにすでに輝いていた。年給を千両以上取った役者は二代目が最初だったわけではないが、「千両役者」の称号は二代目團十郎に始まると考えられていたらしい。「江戸の團十郎」という大衆の絶対的な人気に支えられて、二代目は着々と家の芸の確立を果たしていったのである。享保二十年（一七三五）十一月、養子の市川升五郎《ますごろう》に三代目を襲名させ、自分は市川海老蔵《えびぞう》を名のった。この時、升五郎は十五歳、團十郎は四十八歳であった。

12　「男文字曾我物語」二代目團十郎の助六　奥村政信　東京国立博物館

13 「百千鳥曲輪曾我」二代目團十郎（海老蔵）の矢の根五郎（絵馬） 鳥居清信 西大寺

海老蔵となって

二代目が升五郎に團十郎を襲名させた時は、役者としては全盛の時代だった。したがって、海老蔵となって以後の二十余年間にわたる活躍にはめざましいものがあり、「役者の氏神」と称讃された。

享保十四年（一七二九）正月に「扇恵方曾我《すえひろえほうそが》」で「矢の根」を演じ、大当たりを取って百日あまり打ち続けたことがあった。「矢の根」の趣向はすでに享保五年正月森田座の「楪《ゆずりは》根元曾我」の中で行われていたのだが、「扇恵方曾我」の大当たりによって現行台本の基礎ができたと思われる。海老蔵はこの後もしばしば「矢の根」を演じ、そのたびに当たりを取った。宝暦四年（一七五四）の一世一代の「矢の根」（「分身鏃五郎《ふんじんやのねごろう》」）は、六十七歳の高齢を思わせぬみごとな荒事ぶりで、衰えぬ人気を示し、六月二十日まで大入りを続けた。中村座ではこの大当たりを記念して鳥居《とりい》清信《きよのぶ》の描いた「矢の根」の大絵馬を奈良の西大寺に寄進した。これが現代に保存されて、二代目の活躍時代をしのばせてくれるのは嬉しい（図13）。

宝暦六年市村座の顔見世狂言「復花金王桜《かえりばなこんおうざくら》」における「暫」(7)のせりふ本は珍しい。この時は、初め門弟の市川升蔵の暫が出るが敵役《かたきやく》にやりこめられ、その後から本家の海老蔵の暫が登場して敵役をやっつけるという奇抜な趣向だった。同一狂言に二種の「暫のせりふ本」が出たのは、おそらくこの時だけであろう。観客は大喜びだったに違いない。

享保十六年（一七三一）正月、江戸中村座の「傾城《けいせい》福引名古屋」で、二代目が不破《ふわ》伴左衛門となり、「江戸両輪の名花」と鑽仰《さんぎょう》されていた初代の澤村宗十郎の名古屋山三郎と競演し、大好評を博した。この時、ともに子役だった二名優の子息が出演、それぞれの子供の役に扮して鞘当《さやあ》ての場面を演じて観客の喝采を受けた。十一歳の升五郎（後の三代目團十郎）が不破伴作に扮した。

大坂に上った最初の團十郎

二代目團十郎（当時海老蔵）は寛保元年（一七四一）大坂に上った。初代が京に上ったことは前述したとおりであるが、彼は大坂には行かなかった。したがって、大坂の芝居に「お江戸團十郎」がお目見得したのは、この時の二代目が最初だった。佐渡島長五郎という大坂の役者が道頓堀の大西の芝居で(8)座本《ざもと》を勤めることになり、二千両という破格の高給をもって彼を迎えたのであった。『佐渡島日記』に、この時の交渉にまつわるエピソードが記されている。

かつて江戸に居た時に、二代目が「あなたが座本をするなら、いつでも大坂へ行くよ」と言ってくれたのを思い出した長五郎が、手紙を出して相談に及んだところ、「給金二千両で、手付金を五百両ほしい」と返事があった。長五郎は「歌舞妓芝居始まりて以来、給金二千両取る役者聞きも及ばず。稀なることを申し越されしと、はなはだおもしろく」思って、早速手付金の五百両を送ったと言う。後に、「きっとその給金に見合うだけの働きをしてくれるだろうと思った」と本人に話した。そして、「自分も物好きなことをするものだと思うばかりだ」と述懐する。

大坂に到着した翌日、当地の芝居関係者の宅を回り、「難波津《なにわづ》にさくや着仕候」という発句を書いた短冊を贈って挨拶したという。著名な「難波津に咲くやこの花冬籠り」の一句を踏まえて「昨夜到着」の意に転じた機転の句だった。また、大坂の人が「東《あずま》にて芸の市川知らねども三升《みます》ところがいかい下卑蔵《げびぞう》」(江戸では芸の随一かは知らないが、見ましたところひどく品の悪い方だ)の狂歌を詠んだ。「市川」「三升」「海老蔵」と洒落《しやれ》ての悪口の一首だった。これを聞いた海老蔵は「東では伊せの浜荻よしといふ難波の人の口のあしさよ」(江戸では伊勢の浜荻だって葦《あし》といわず葭《よし》といいます。大坂の人は口が悪いのですね)と言い返したという(『歌舞伎年表』)。「よし」「あし」の音を使って当意即妙に江戸人の気概を見せたものであり、やはりその才能を示す話である。大坂の顔見世は「万国太平記」。この狂言で二代目は「外郎売」のせりふを言ったところ、客の中にこれを早口に言って妨害した者がいた。彼は即座にこれを末尾から逆に言って見物の肝をつぶさせたという伝説が語られている。これなども、彼のせりふ術の人並みはずれた巧みさを反映した作り話であろう。すでに二十二歳の宝永六年（一七〇九）、「傾城雲雀山《けいせいひばりやま》」（山村座）における久米八郎の役で、艾《もぐさ》売りのせりふで大当たりをとったことからも知られるとおり、彼は若い頃からとくにせりふ術にすぐれていたのである。

　年が改まって寛保二年（一七四二）正月、大西の芝居は「雷神不動北山桜《なるかみふどうきたやまざくら》」を上演する。むろん二代目を中心に働かせる仕組《しぐ》みの狂言であり、彼は「鳴神」「毛抜」「不動」の三場面の主役を演じた。とくに「毛抜」の粂寺弾正《くめでらだんじょう》の役では、お家物の狂言の中で、磁石のからくりを見破って悪を見顕す推理小説ふうの筋立てと演技が、合理性を喜ぶ大坂人の気分に合うとともに、二代目の実事師としてのすぐれた芸が認められ、絶讃を博した。「久米寺といふ侍に成り、使者に来たりての仕内、あつぱれ誠の武士と見へたり。外にこのまねをする人なしと大坂中の評判。さても上手なりと感心した」（『佐渡島日記』）とある。実事の本場の大坂で「実事の名人」「他に真似手がない」との高い評価を受けたのは重要なことである。また「鳴神」の演出も初代のそれとは違い、前半の濡れ事の部分をも重視して人間の本能を強調して演じたので、大坂人にも歓迎された。海老蔵（二代目團十郎）の芸は江戸の地ばかりではなく、「三ケの津《つ》（京・江戸・大坂の三都）立役《たちやく》の棟梁《とうりょう》」という評価を与えられることになり、全国の役者の頂点に上りつめたのだった。

　しかし、この興行中に、先に江戸に帰った三代目團十郎の死を聞く悲運が襲った。失意にひるまず海老蔵は懸命に大坂の舞台を勤めた。寛保二年九月、佐渡島長五郎座の「東山殿旭扇」を暇乞《いとまご》いの狂言として、十月若女形初代尾上菊五郎を同道して江戸に帰った。

大坂に滞在中のある日、同僚の役者衆と天満あたりへ涼みに出た時、瘧《おこり》の病に悩んでいる茶屋の娘に対して、不動のにらみで治してやったという話がある（『中古戯場説』）。この場合は、合理的な思考にたけた上方の地で、こうした呪術宗教的な奇跡を見せたのが巷《ちまた》の話題になったようである。團十郎の「にらみ」の芸が呪術的な威力を発揮した逸話は各代に残されている。

宝暦四年（一七五四）十一月、二代目松本幸四郎（四十四歳）を養子に迎え、四代目團十郎を襲名させる。彼の人気が絶頂に達した宝暦五年、役者評判記の位付《くらいづけ》は「大至極上上吉無類」と付けた。この時期の海老蔵は、團十郎を襲名させた四代目と共演し、家の伝統を伝えることに努めていた。宝暦五年十一月の顔見世狂言「惶弓勢源氏《ありがたしゆんぜいげんじ》」には大切《おおぎり》に目黒不動を演じ、四代目に矜伽羅童子《こんがらどうじ》を勤めさせている（図14）。

宝暦八年（一七五八）九月二十四日、海老蔵は七十一歳で没した。長い役者生涯だった。戒名を法誉栢莚随性信士《ほうよはくえんずいしょうしんじ》といい、初代と同じ増上寺内の常照院に葬られた。

二代目の教養と文才

二代目は初代同様俳諧を能《よ》くし、初めは父譲りの才牛《さいぎゅう》の俳名《はいみょう》を使っていたが、のち三升《さんじょう》、海老蔵となってからは栢莚《はくえん》と改めた。才牛斎三升と署名することもあった。

伊原青々園《せいせいえん》が『市川團十郎の代々』に引用した二代目自筆の日記『老《おい》のたのしみ』(9)に、次の記事があった。現代語に直して紹介する。「私が幼年の頃、初めて吉原を見た時は、黒羽《くろは》二重《ぶたえ》に三升《みます》の紋がついた単物《ひとえもの》の振袖《ふりそで》を着て、右手を英一蝶《はなぶさいっちょう》に、左手を晋其角《しんきかく》に引かれて日本堤を行った。あの時のことは今も忘れない。この二人は世に名を響かせた人であるが、亡くなってしまった。私は幸いにも生きていて、名前も非常に有名になっていることだ」と。

英一蝶は元禄時代江戸で活躍した著名な浮世絵師であり、晋其角すなわち榎本（宝井）其角は当時第一流の俳諧師だった。いずれも錚々《そうそう》たる文化人である。芭蕉《ばしょう》の門人だった其角は二代目と親しく、酒が入ると奔放になって團十郎の物真似が出たという（『花見車』）くらいだから、相当のファンだったようである。其角は絵を英一蝶について学んでいる。一蝶は享保九年（一七二四）、其角は宝永四年（一七〇七）に没している。

14　「惶弓勢源氏」二代目團十郎（海老蔵）の不動・四代目團十郎の矜伽羅童子・中村伝九郎の制吒迦童子　鳥居清倍　東京国立博物館

其角との関係で特筆しておく必要がある一つのエピソードがある。正徳三年（一七一三）のことだから、例の絵島生島事件の起こる前年に当たる年のこと。團十郎は二十六歳である。たまたま節分の日に團十郎は其角の家を訪問した。其角は「いい時に来た。一句さしあげよう」と言う。喜んだ團十郎が懐中の香包《こうづつみ》を出し、「この裏に書いてください」と差し出すと、其角は鍾馗《しょうき》が大太刀を差して「暫」の形をしている絵を描き、「今こゝに團十郎や鬼は外　其角」の句を賛にして書き与える（『市川栢莚舎事録』他）。團十郎の演ずる荒事が呪術的宗教性を帯びる本質を持っていることを、時に応じてあらためて強調し、若い團十郎を励ましたのである。

二代目團十郎は其角の弟子になって俳諧を学んだ。『舎事録』によると、其角から三升の俳名を貰ったのだという。その後大病をした時、近江国の多賀大明神に命乞いの願をかけて本復したのを機に栢莚と改めた。これは百廾延（百二十歳まで生き延びる）という心で長命を祈って改めたのだとのことである。八文字屋自笑が書いた二代目の略伝によれば、栢莚と改めたのは享保二十年（一七三五）の冬、海老蔵と改名した時とする（『栢莚狂句集』）。この頃の二代目は大病を患い、舞台も休みがちだったから、これは信じてもいい説であろう。

彼が身につけていた高い教養や多くの文人たちとの風雅な交流、書画・骨董《こっとう》の愛好と蒐集《しゅうしゅう》を示す逸話ははなはだ多く、『市川栢莚舎事録』他に詳しく記されている。没後の天明元年（一七八一）に京都の八文字屋から出版された『栢莚狂句集』に句の一部が収めてあり、また晩年の日記『老のたのしみ』の記事もそのことを豊かに物語っている。

（1）実事
「実」は「誠実・篤実」の意。誠実な人物が、悪人の企みにより、悲劇的状況に陥り、苦悩しながらも正義のために闘うという役柄。実事を得意とする俳優を「実事師」という。内面的な演技が要求される役である。

(2)二立目

当時の江戸歌舞伎の狂言の上演法で、早朝に始まる序開《じょびら》きにつづくのが二立目で、地位の低い役者の持ち場だった。「二建目」と表記することもある。

(3)絵島生島事件

絵島は七代将軍家継《いえつぐ》の生母月光院に仕えて信頼が厚く、大奥取締役の職についていた。正徳四年正月十二日、絵島は月光院の代参として芝の増上寺に参詣した。総勢百三十人ほどの女性中心の一行だった。帰り道、木挽町《こびきちょう》五丁目の山村座に立ち寄り、桟敷で芝居を見物した後、座元の山村長太夫、狂言作者の中村清五郎、人気役者の生島新五郎らを茶屋へ呼んで酒宴を催し、派手に遊興した。翌日このことが発覚し、大奥の大スキャンダルとして厳しい詮議を受ける事態になった。その結果、連座して処罰された人はおびただしい数にのぼった。絵島は生島新五郎と密通した罪で信州高遠《たかとお》へ流刑、生島新五郎は三宅島へ、山村長太夫は大島へ、中村清五郎は神津島へ、それぞれ遠島を命じられたのである。山村座は廃絶し、これ以後、いわゆる「江戸三座の制」が明治五年(一八七二)まで崩れない。

(4)隈取り

隈取りが基本的に荒事の劇術とともに始まったのは間違いなかろうが、その創始については詳しいことがわかっていない。以前は、漠然と初代の創始にかかると考えられていたが確証はない。隈取りという言葉にしても、「塗顔《ぬりがお》」と言い、また「顔を絵取《えど》る」などと言われたように、はたしていつから使われ始めたものかがわからない。例の初代の荒事創始伝説では「坂田金時に扮し、紅と墨とにて顔を隈取り」(『市川團十郎の代々』)とも「初而《はじめて》顔を塗り」(『江戸芝居年代記』)ともいうから、顔を真っ赤に塗ったのであろう。その上に墨を使って陰《かげ》を強調したかもしれない。いずれにせよ初期の荒事の化粧は「塗顔」だったと想像される。現在見るような白塗りの地に紅や青(藍)、茶(黛赭《たいしゃ》)で筋《すじ》の隈を取るようになるのは、二代目からのことのように思われる。

(5)二番目

江戸歌舞伎の狂言の作り方で、一番目は時代事、二番目は世話事になった。後に、世話物のことを「二番目物」というようになるのは、この慣例にもとづく。

（6）揚巻助六心中事件

正徳（一七一一～一六）のころ、京の町人に万屋助六という男がいた。この男が島原の遊女揚巻と馴染んで恋仲となるが、此の世で添い遂げることができず、大坂の千日寺で心中したと言う。その実説にもとづき、一中節《いっちゅうぶし》「蟬《せみ》のぬけがら」や上方の歌舞伎（「助六心中紙子姿」「京助六心中」）で脚色上演されていた。

（7）せりふ本

ツラネ、六方詞、物売りの言い立て、地口《じぐち》、掛合《かけあい》、男達《おとこだて》のせりふなど、舞台で評判になった名せりふを小冊子にして出版した本。いくつかのものを集めた「せりふ尽し」もある。

（8）座本

上方（京・大坂）で歌舞伎の興行を行うに当たり、一座の役者を統轄する役の者を座本と呼んだ。座本は名代《なだい》（興行権所有者の名義）と小屋主との連名で興行の許可を申請した。江戸の場合は、これらのすべてを座元が一人で担っていた。表記・性格ともに、江戸と上方とでは異なっていた。

（9）『老のたのしみ』

享保十九年から延享四年までの日記で、原本は焼失したが、享和二年に山東京伝《さんとうきょうでん》が部分的に抜き出して写したものが残り、当時の江戸随一の名優の日常生活の様子を伝える貴重な資料になっている。

三代目（一七二一〜四二）

夭逝《ようせい》した團十郎

三代目團十郎は、初代の高弟三升屋《みますや》助十郎の子として、享保六年（一七二一）に生まれた。五歳の時、二代目の養子になり、享保十二年（一七二七）中村座の顔見世《かおみせ》に、市川升五郎《ますごろう》と名のって初舞台を踏んだ。七歳であった。

この時の狂言は「八棟《やつむね》太平記」だった。升五郎の役は楠《くすのき》　正行《まさつら》で、芥子《けし》坊主(1)に力紙《ちからがみ》(2)・半切《はんぎれ》・大太刀《おおたち》といういでたちで荒事《あらごと》を演じて喝采を浴びた。養父の扮した楠正成《まさしげ》から未来記の一巻を譲られるという場面もあった。二代目は見物に向かって引き合わせの口上を言い、升五郎は市川家相続披露のツラネ(3)を述べた。享保（一七一六〜三六）から元文（一七三六〜四一）・寛保（一七四一〜四四）にかけて、江戸の顔見世狂言には「太平記の世界」を扱うことが多く、海老蔵《えびぞう》（前名二代目團十郎）と三代目團十郎が共演した狂言だけをとっても、元文年間に四狂言を数える（図15）。「未来記」は「太平記」に記事のある物語で、楠木正成が

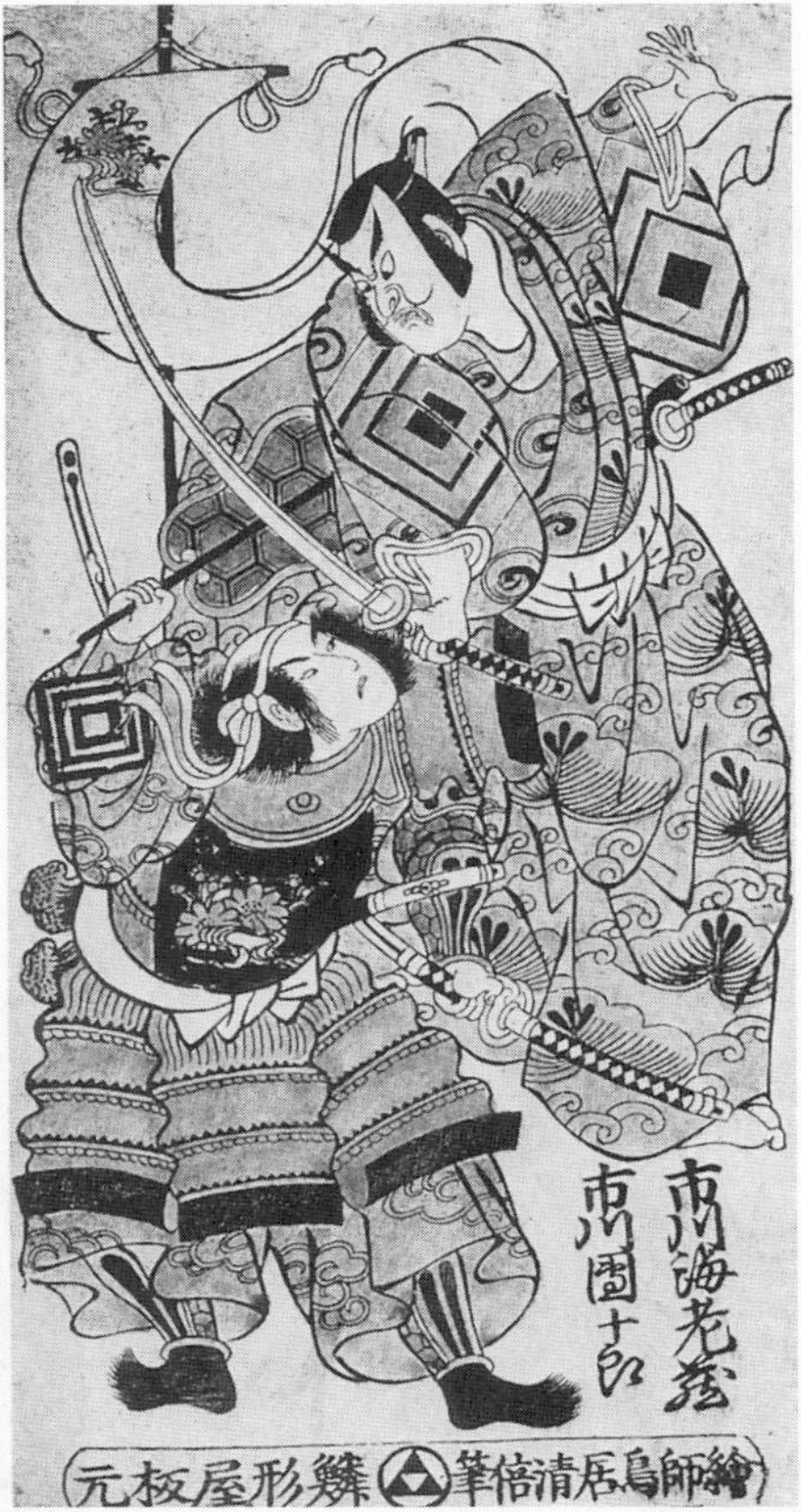

15　市川海老蔵（二代目團十郎）と三代目團十郎（狂言名・役名不詳）　鳥居清倍　ウィーン国立工芸美術館

四天王寺を通りかかった時、聖徳太子が記したと伝える「未来記」（将来を予言する内容の書）を披見し、眼前の事実との合一を読み取ったとする場面である。升五郎が観客の前でこの一巻を養父二代目から譲られたことで、将来にわたって市川家の芸の伝承者であることを示したのである。

享保十三年（一七二八）正月には、三代目の祖父に当たる初代團十郎の二十五年忌追善と

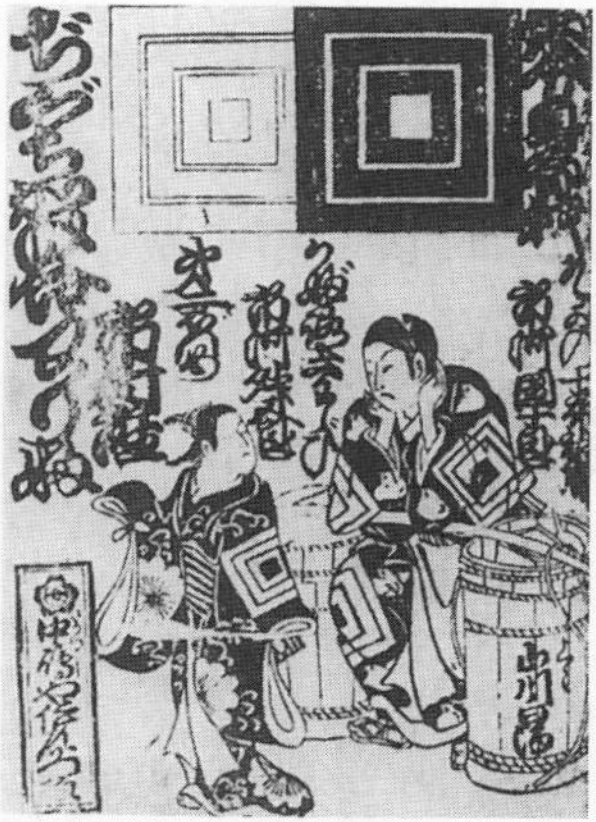

16　「栄分身曾我」市川升五郎（三代目）の禿早蕨と二代目團十郎の曾我十郎（せりふづくし）

して「外郎売《ういろううり》」を演じる。そして、「うゐらう売のせりふ．さりとはあのやうに．舌もまはるものかと．諸見物の感声《かんせい》しばらくやまず」（享保十三年三月刊『役者色紙子《いろかみこ》』）と称讃された。同じく十八年（一七三三）正月の「栄分身曾《はなぶさふんじんそ》我《が》」では、養父の白酒売りに禿《かむろ》の役を勤め、親子で掛け合いのせりふを言った。これが大評判を呼び、せりふ本が出版されて江戸中の子どもが真似たと伝えられている（図16）。

升五郎は十五歳の享保二十年（一七三五）、市村座の顔見世に三代目團十郎を襲名、同時に養父の二代目は海老蔵と改名する。この時の「混源《こんげん》七小町」に、新團十郎は青竜丸荒虎《せいりゅうまるあらとら》の役で「暫《しばらく》」を演じ、ツラネの長ぜりふは二代目そっくりと激賞された。彼の演技に対する評判は、親父の真似ばかりだと一部の非難はあったものの、総じて親の光で人気があることを好意的に認められている。長ぜりふについて高い評価が目立つのは、その素質だったと考えてよいだろう。

これ以後、養父海老蔵の庇護のもとで、「不動」「曾我五郎」「助六」「景《かげ》清《きよ》」などを演じ、市川團十郎家の若い当主として世間に認められるとともに、役者としての実力を身につけてしだいに成長していったようである。三代目の演じた暫と助六について、『役者恵宝参《えほうまいり》』（元文五年正月刊）は芝居しりのことばとして「此度の大福帳といふ事．親海老蔵殿．先年山村座より中村座へはじめて出座の時の狂言にて．海老蔵におとらぬとの評でござるぞ．殊に去春助六の狂言に男だて大当り．是も御親父のいたされし事．團十殿めき〳〵と評判仕上られて仕合せ〳〵」と言わせている。

寛保元年（一七四一）十一月、父に伴われて大坂に上り、佐渡島長五郎座に出演した。顔見世の「万国太平記」には篠塚伊賀守となってお家の荒事を披露して好評だった。二の替り狂言の「八的勢曾我《やつまといきおいそが》」には箱王丸の役で初日から三日間勤めたが、発病のため退座し、単身江戸に帰ってしまう。そして、病の癒《い》えぬまま翌寛保二年二月二十七日、養父の留守中に、惜しまれながら世を去った。法名を随誉定縁覚往信士《ずいよじようえんかくおうしんじ》といい、芝の増上寺常照院に葬られた。

その死を悲しんだ海老蔵（二代目團十郎）は「梅散るや三年飼ふたきりぎりす」の句を手向けた。また三代目を追悼して『八日目の華《はな》』という句集が編纂出版され、二代目以来の俳諧仲間や同輩の役者たちが、それぞれに死を悼む句を寄せている。その巻末に、贔屓《ひいき》の松遥《しようよう》齋旭波《さいきよくは》の「惜しめ唯嗚呼《ただあ》八日目のさくらかな」の句が収めてある。開花期の短い桜の花が、咲き始めてからわずか八日目にして、人に惜しまれながらはかなく散ってしまうのを惜しむ心情に、早逝した三代目の死をなぞらえたものであった。句集の名はこの句に基づいている。

團十郎家の後継者としての将来を嘱望《しよくぼう》されながら、二十二歳の若さで夭逝した三代目は、ついに役者としての大成を見ることがなかった。その予想外の死により、以後十年余りの間、市川團十郎の名跡は空白期間を持つことになる。

（1）力紙
　髪に付ける装飾の一。勇気、力感を象徴する。髻《もとどり》のところへ白い奉書紙を巻きつけ、左右へ羽根のように開く。郡司正勝氏は東北地方の山伏神楽《やまぶしかぐら》や狂言の『仁王』との関連を示唆《しさ》している。

（2）半切
　主に荒事役に用いる歌舞伎独得の衣裳。広袖で丈《たけ》の短い上衣。地に錦や箔を摺り込んだ派手な衣裳である。同じ名称が能装束にもあるが、こちらは袴の一種である。

（3）ツラネ
　物の由来や名所づくしなどの掛け詞《ことば》の入った「音楽性の強い長ぜりふ」のこと。「暫」など、主に荒事の主役が花道で述べる。中世の延年《えんねん》（僧侶などが行った歌舞）の連事《つらね》（言葉や歌を連ねること）の伝統をひくと考えられている。

成田不動尊と代々の市川團十郎

神仏に変身する役者

元禄時代の江戸で成立した演技の類型に神霊事《しんれいごと》というものがあった。神仏の霊像に扮して舞台に立ち現れる演出で、初代、二代目の市川團十郎はこれを得意芸にし、当時の観客から熱狂的な支持を受けて、しばしば上演した。こういう劇術が生まれ出た背景には二つの原因が考えられる。一つは、観客大衆が信仰深く、ごく身近に信仰の対象となる神仏を持っていたことである。彼らは日常生活のさまざまな不安の中で、霊威の猛々しい神仏を懼《おそ》れ敬う一面、不思議なほど親しみを感じていた。いま一つは、そういう神仏に変身するにふさわしいと大衆から承認される役者を得たことである。その役者が市川團十郎だったのである。

子どもに恵まれなかった初代團十郎が、父親重蔵の出身地でもあり、彼自身深く崇拝していた下総《しもうさ》国成田山新勝寺の不動明王に祈誓《きせい》をかけて授かったのが九蔵《くぞう》後の二代目團十郎だと言い伝えた。宝暦四年（一七五四）刊の役者評判記『顔見世《かおみせ》役者のくさめ』の二代目團十郎の評文の中に「成田の不動の一番むすこ」と書き、宝暦九年刊『役者談合膝《だんこうひざ》』には、芸を譲るべき一子がなかった初代が多年念ずる成田山に申し子をして二代目を授かったと書いている。この伝説の成立と定着の様子を窺わせるに足る。

元禄十年（一六九七）五月の中村座で上演した「兵《つわもの》根元曾我《こんげんそが》」の大切《おおぎり》に、九蔵が不動尊像の形をあらわす場面が格別の評判になった（図4下）。連日成田から見物がつめかけ、成田不動の信者たちが舞台に賽銭《さいせん》を投げ、毎日十貫文を超したと伝えられている。初代の演じた「生き不動」、二代目の勤めた不動明王には、江戸の観客の願望が重なっていたと言っていい。團十郎父子はこの舞台を勤め終えたのち、成田山新勝寺へお礼参りに行き、神鏡と幕に添えて賽銭五百貫文を寄進した。「成田屋」という屋号を使うようになったのも、この時以来のことだと言い伝える。

17　『成田山分身不動』（絵入狂言本）初代團十郎の胎蔵界の不動と九蔵（二代目）の金剛界の不動　東京芸術大学

元禄十六年（一七〇三）四月、江戸森田座で上演した「成田山分身《ふんじん》不動」も初代團十郎自作自演の狂言だった。その大切に、初代團十郎が胎蔵界《たいぞうかい》の不動、九蔵が金剛界《こんごうかい》の不動となって示現《じげん》する場面があり、ここが最高の見せ場になっていた（図17）。「成田山分身不動」の大名題も、親子二体の不動尊が成田不動尊の分身であることを示している。この狂言の全体を見渡したとき、大団円たるべき分身不動示現の局面は唐突である。四番目に謡曲の「隅田川」を下敷きにした場面があり、ここに登場する修行僧が「関東下総成田山不動尊霊験あらたに候由、参詣いたさばやと存じ候」と名のる。つまり大友黒主《おおとものくろぬし》が僧に姿をやつして関東に下り、霊験あらたかと評判の高い成田山不動尊の参詣に行く途中だという設定である。これが不動示現の伏線になっている。こういった強引な作劇法も元禄期の歌舞伎では珍しいことではない。狂言の結末部分の重要なところに、見物が待望している不動の神霊事を配しさえすればよかったのである。

新勝寺中興の祖照範《しょうはん》上人の積極的な宣教拡張活動、江戸への出開帳《でがいちょう》が始まったのは元禄末年のことである。元禄十六年（一七〇三）四月二十七日から六月二十七日までの二ヵ月間、深川の永代寺で成田山新勝寺の本尊である不動尊像の初めての出開帳が行われた。森田座の「成田山分身不動」はこれとタイアップして四月二十一日に初日を開け、七月十三日まで足掛け四ヵ月間の大当たりになった。上演に当たって、市川九蔵（後の二代目團十郎）は金五両、初代市川團十郎・市川九蔵は連名で大提灯《ちょうちん》二張と円鏡《えんきょう》一面、市川團十郎の娘は大黒天像一体をそれぞれ新勝寺へ寄進した。山村長太夫は大提灯二張、生島《いくしま》新五郎・同大吉は金四両（高土器二具の料）を寄進している。この時のものとされる古様の円鏡が現在成田山霊光館に蔵せられている（図18）。

荒事を支えた信仰心

初代、二代目の市川團十郎が不動尊像を勤めて名声を高めたことは疑いのないところであるが、彼らとて決して不動だけを演じていたわけではない。仁王《におう》、鍾馗《しょうき》、関羽《かんう》、龍王《りゅうおう》なども演じて見せた。逆に、不動にしても、必ずしも市川團十郎の専売特許だったわけではない。たとえば、同じ時代に活躍した立役《たちやく》の坂東又太郎などは「不動のあらごと・見物ねふりをさますの所・市川殿もはだしぐらゐ」（元禄十三年三月刊『役者談合衝《だんこうづく》』）と團十郎を引き合いに出して高く評価されていた。元禄歌舞伎の中で神霊事の荒事がもてはやされていたのである。「アレ（荒れ＝現れ）」という示現の姿にふさわしく、超人的な荒々しい動作で登場し四方の悪魔を払ってくれる、そんな明王や神将の姿を眼前に見ることが待望されていた。霊威の猛々しい怒れる神の出現（アレ）は、必然的に荒々しい所作で暴れ回る爆発的なエネルギーの放出を意味する荒れ（アレ）と重なるものとして受け入れられている。

18　初代親子が寄進した円鏡　成田山霊光館

形成後まもない、地方出身の武士階級中心の都市だった江戸の人々の、激しく荒っぽい気性に合致した荒事が、一面において現人神事《あらひとがみごと》の性格を担っていた。それは、天災や病気による災厄を恐れていた大衆の願望を信仰の形で受け止めたことの反映であった。江戸歌舞伎の荒事には、強烈に現世利益《げんぜりやく》を願う庶民信仰が反映している。

当初は必ずしも市川團十郎の占有芸ではなか

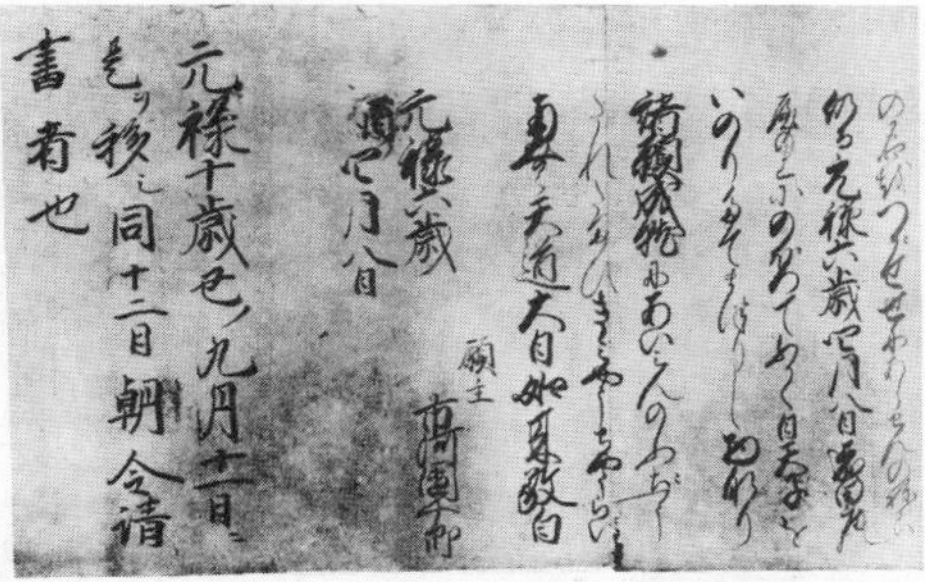

19　初代團十郎の願文（伊原青々園『市川團十郎の代々』より）

った荒事が、やがて市川團十郎の「家の芸」として承認されていく過程には、初代團十郎のただならぬ信仰心の厚さと、とくに成田山新勝寺との間に密接な関係があったことを逸することはできない。

初代團十郎が認《したた》めたとされる二通の願文が堀越家に伝わっていた。この文書は関東大震災の折に焼失したが、伊原青々園《せいせいえん》が転写しておいたものが、現代に伝わる（図19）。これを読むと、團十郎は、自分の破格ともいえる立身出世はもっぱら神仏の加護のお陰であると感謝し、あらためて信心を誓っている。彼が元禄三年（一六九〇）の発願の日から三年の間欠かさず行うと誓ったことの中には、三宝荒神《さんぼうこうじん》を祈ることの他に次の諸条があげられる。

一、上野両大師江午（元禄三年）の正月朔日《ついたち》より申（元禄五年）の十二月晦日迄信心致所、仍而《よつて》三年の中、月に三度の参詣、又年に三度、銭塔奉上事。

一、日月、明星、二十八宿、三光諸天、右願望におゐて、三年の中、毎日の礼拝《らいはい》、又々月に一度宛日待おこたらず。別而《べつして》天道大日如来を礼拝くぎやう致申候事。

一、不動明王幷に二童子、右三年が中信心おこたらず。月の廿八日には猶《なお》礼拝深く、別而三年か間、月に一ふりづゝ捧《ささげ》ル所の木太刀、歳に一度の以代参、則大山大小不動明王江是を奉納事。

一、愛染明王江右願望によつて毎朝礼拝おこたらず。廿六日には御酒捧、亦正五九月、年に三度の六夜待、則三年ヶ中相勤、信心申事。

諸仏神への素朴な信仰の誠実さは江戸時代の大衆に一般的な傾向だった。その象徴とも、頂点ともいうべきところに初代市川團十郎が居た。彼は年給を二百五十両も取る役者に出世できたことをひたすら神仏に感謝した。この出世は「まつたく團十郎がなす所にあらず。いわゆる三宝荒神、元三大師《がんざんたいし》、大日、不動、愛染明王、実に日天は照給へ、諸神は是守り給ふ御誓ひありて、日本無双、役者の随一、当代かぶき狂言の開山といわれ、名を高く呼ばるゝ事、是人倫の働きならず」と述懐し感謝する。

この熱心な信仰心が、初代團十郎自身の演ずる荒事を支えていたのに違いない。だから、彼は何の迷いもなく、何の疑いも抱かず、堂々と神仏の霊像になり切って（分身として）大衆の前に現れることができたのである。

初代團十郎の宗派は浄土宗だったと考えられる。團十郎の菩提寺が芝増上寺の常照院であり、九代目が神道に転宗するまでの代々の墓はここにあった。浄土宗信徒だった初代が新義真言宗智山派大本山の成田不動尊を尊崇したことを奇異に思う方があるかもしれない。しかし、初代の活躍期とほぼ同時代の名僧祐天《ゆうてん》上人（一六三七〜一七一八）の経歴を参考にすれば、まったく不自然なことではない。浄土宗の高僧祐天は青年時代物覚えが悪く経文の一字も覚えられなかった。自殺を決意したが死ねず、思いあまったすえ成田不動尊に願をかけて祈る。その結果夢に不動尊が示現し、利剣を呑むと見てにわかに才知聡明となり、やがて名僧となる。処々方々で加持祈禱を行って現世利益の効験を現す祐天上人は、宗派から異端者の扱いを受けたが屈せず、増上寺三十六世大僧正の地位にまで上りつめた。祐天上人が江戸の市中で行った数々の呪術的な祈禱行為（悪霊祓い）は伝説とともに広く語り伝えられた。元禄当時の江戸の町では、ひたすら来世の極楽往生を説く浄土宗を信仰しながら、同時に強く現世利益の成就をも祈願する、したたかな庶民大衆の宗教心と願望とが存在していたことがよくわかる話である。團十郎の信仰に象徴される江戸人の成田不動尊信仰にはこうした側面があった。これを理解することが前提となろう。

出開帳と歌舞伎

初代の章で詳しく記したように、初代が荒事を創始するに当たって、ヒントにしたと伝説的に語られているのは金平浄瑠璃《きんぴらじょうるり》だった。坂田金平という超人的な怪力の主人公は近世初頭の江戸の大衆が生み出したヒーローだった。しかし、金平浄瑠璃には神霊事に相当する内容も演技もない。現人神《あらひとがみ》と呼んでもいいような荒々しい振舞いをする金平だが、彼が最後の場面に神仏に変身して示現することはない。荒事にはごく自然のことのように神霊事が結びついた。それは、江戸の町の形成に伴って急速に活発化した寺社の布教、宣教の活動と歌舞伎とが結合した結果だった。

新興の大都市、ここへ向けておびただしく流入する都市民をターゲットにして、宣教の拡張を企てた宗教者たちは、それぞれの寺の秘仏や秘宝を江戸に運んで出開帳を催す。成田不動尊の江戸での出開帳は、前述の元禄十六年を最初として、幕末までに計十一回行われている。場所は永代寺境内、深川八幡宮社内、深川不動堂であった。そして、出開帳の際には代々の團十郎が柿色の裃《かみしも》姿で出て取り持ちの役を勤めた（図20）。江戸随一の人気役者市川團十郎の屋号が「成田屋」であり、成田不動の出開帳にはいつも宣伝の役を勤めてくれるのは、成田山新勝寺の江戸での布教活動にとってこれ以上効果的なことはなかったろう。柳沢淇園《きえん》の『独寝《ひとりね》』（下）に「此頃江戸の友だちより文していろ〳〵かきしたゝめて送りけるに、成田の不動開帳のよし、市川團十郎まかり出て取持ちけるより、群集袖をかさぬるといふは、前かたの事也」とある。『新修成田山史』の旭寿山氏によると、この出開帳は享保十八年（一七三三）七月から深川永代寺で奉修されたものと考えられ、それが正しければ、取り持ちにまかり出た團十郎は二代目ということになる。このことが江戸の人々の話題になっていたことがわかる。

江戸の地にしだいに根づいていった不動信仰が、市川團十郎演ずる歌舞伎の荒事を鑽仰《さんぎょう》する江戸人の心とうまく重なったのである。

成田山開帳之圖

20　成田山開帳之図（中央が七代目）　歌川豊国（三代）　ベルギー王立美術館

悪霊祓いの司祭として

成田山新勝寺の歴史をひもとくと、この寺が活発な布教活動を展開し、寺格の昇進、堂塔の整備を果たし、さかんに出開帳を行うようになるのは、実質的には中興第一世照範上人が住職となった元禄十三年（一七〇〇）ごろからのこととされている。

さきに話題とした「兵根元曾我」上演は元禄十年のことであるから、初代團十郎は江戸における不動信仰の地ならしをしたことになる。團十郎の荒事と成田山の不動信仰隆盛とは、最初からたがいに切り離して考えられない密接な関係にあったように思う。

團十郎の「家の芸」たる荒事に、修験信仰の影がつきまとっているのも、何か理由のあることに違いない。市川家の色として有名な柿の色（口上の時の柿裃や、「暫《しばらく》」の主人公が着る柿の素袍《すおう》など）は修験者の着る柿帷子《かきかたびら》の色であった。初代團十郎の出自について正確な事実を知る方法はないが、成田山に縁故のある修験者の血筋だった可能性も否定はできない。そんな想像をしてみたくなるほど、両者の関係の深さは並々でない。

市川團十郎の荒事に御霊《ごりよう》信仰（若くして非業に死んだ人の祟《たた》りを恐れ、その霊を神に祀《まつ》る信仰）の投影があることも早くから指摘されている。ゴリョウとゴロウとは音《おん》が通じることから、曾我五郎、鎌倉権五郎、佐倉宗五郎ら「五郎」を名とする人物像の背後に御霊信仰の影を見、その演劇的達成が荒事だという説である。ゴロウ、ゴリョウの音通は別にしておいても、江戸市民の曾我神社信仰が厚かったのは確かなことであり、これなくしては江戸三座が毎年の初春狂言をいずれも曾我狂言にした慣習が理解できない。敵は討ち取ったものの、若くして殺された五郎と十郎の御霊を慰撫《いぶ》する心情が、五郎の荒事を支えていた。さらに、初代市川團十郎その人が、四十五歳の若さで、観客の眼前で刺殺されるという不幸な死にかたをしたために、團十郎贔屓の江戸市民の同情が集まり、結果的にみずから御霊神と尊崇される資格を得たことが、以後の團十郎崇拝をもたらす一因になったのも事実だろう。市川團十郎の代々が演じ続けた「家の芸」の荒事は、江戸の庶民大衆の素朴な信仰心に基づく共感を背負っていた。その結果、悪霊祓いの司祭としての家柄であるがゆえに、團十郎は江戸の守護神、役者の氏神《うじがみ》として神聖視され、つねに一般の役者とは別格の扱いを受けたと考えられる。

代々の團十郎と成田山の利益《りやく》

『古今役者論語《ろんご》魁《さきがけ》』に、海老蔵（二代目團十郎）の芸咄《げいばなし》が二十五条掲載してある。その一つに、「成田山不動尊に『親よりはよい役者にしてください』と願をかけたが、親の初代團十郎は年給八百両、自分は千二百七十両まで取る役者になった。今考えてみれば、『親よりよい役者になりたい』などとは勿体ないことである。その時（願をかけて祈った時）、成田山へ納めた神鏡が今もあるそうだ」（現代語に意訳した）とある。

二代目は享保二十年四月中旬から病に悩み、次年度の顔見世興行の時まで舞台を休演していた。ようやく病が癒《い》えて出勤した「混源《こんげん》七小町」の中で、病気全快の口上を述べている。それは「久々にておめみへ仕《つかまつ》りましたと病中の咄し．ひとへに成田不動明王のお影（藤）」というものだった（『役者福若志《ふくわかし》』）。十月十二日には、養子の升五郎（徳弁《とくべん》）が父の病気全快の願のために成田山新勝寺へ参詣している（『日記抄』）。

代々の團十郎は、「暫」の主人公とともに、「不動」の役をしばしば勤めた。なかんずく五代目團十郎の不動は非常に人気があった（図21）。自他ともに五代目贔屓を認めていた烏亭《うてい》焉馬《えんば》（立川談洲楼《だんじゆうろう》）には『成田の道の記』なる成田山参詣記がある。五代目によるしばしばの不動上演と無関係ではなかろう。

さらに時代が降《くだ》ると、團十郎はいよいよ成田山新勝寺との関係を深める。

文化・文政期の名優、歌舞伎十八番の制定者でもある七代目團十郎は、毎年門弟たちを引き連れて成田山新勝寺へ参詣した。文政二年（一八一九）六月には、七代目一行が成田ではり「土佐狂言」という名目で願い出て、晴天五日間の興行を行った。また文政七年七月にもや「土佐踊（土佐狂言とも）」の名目で七日間の興行を行っている。願主はともに「堺町成田屋七左衛門」の名になっている。むろん七代目團十郎のことである。「歌舞伎」を表に出しての興行が許されなかったための苦肉の策であろうが、なぜとくに「土佐」の名を名目にしたのかは明らかでない。当時、地芝居が禁止されていた地方で藩の目からカモフラージュするために、「何々踊」などの名目で許可を受けた例があった。その方法にならったものであろう。

七代目は、新勝寺にさまざまの品物を奉納している。中でも文政四年（一八二一）五月、仏恩報謝のために金一千両を志納し、(1)額堂《がくどう》一宇を寄進したのは有名である。七代目は早い時期から額堂寄進の志を抱いていたが、なかなか実行に移すことができなかった。上棟式は翌文政五年十二月、その時は門弟とともに登山して参詣客に茶の接待をし、摺物《すりもの》を作って配った。「三升《みます》の額堂」の名で知られたこの絵馬堂には有名な絵師の手になる立派な絵馬が掲げられていて、成田山名所の一つにもなっていた。額堂は間口十六・五メートル、奥行九・六メートル、瓦葺《かわらぶ》き、総欅入母屋《そうけやきいりもや》造《づく》りの堂々たるものだった。文政七年刊の合巻《ごうかん》『当南枝稲妻《あたりなんしいなづま》表紙《びょうし》』の口絵に「先祖の光り親の恩、おのれが業《わざ》おのれが徳にあらず。願ふなり子々孫々の

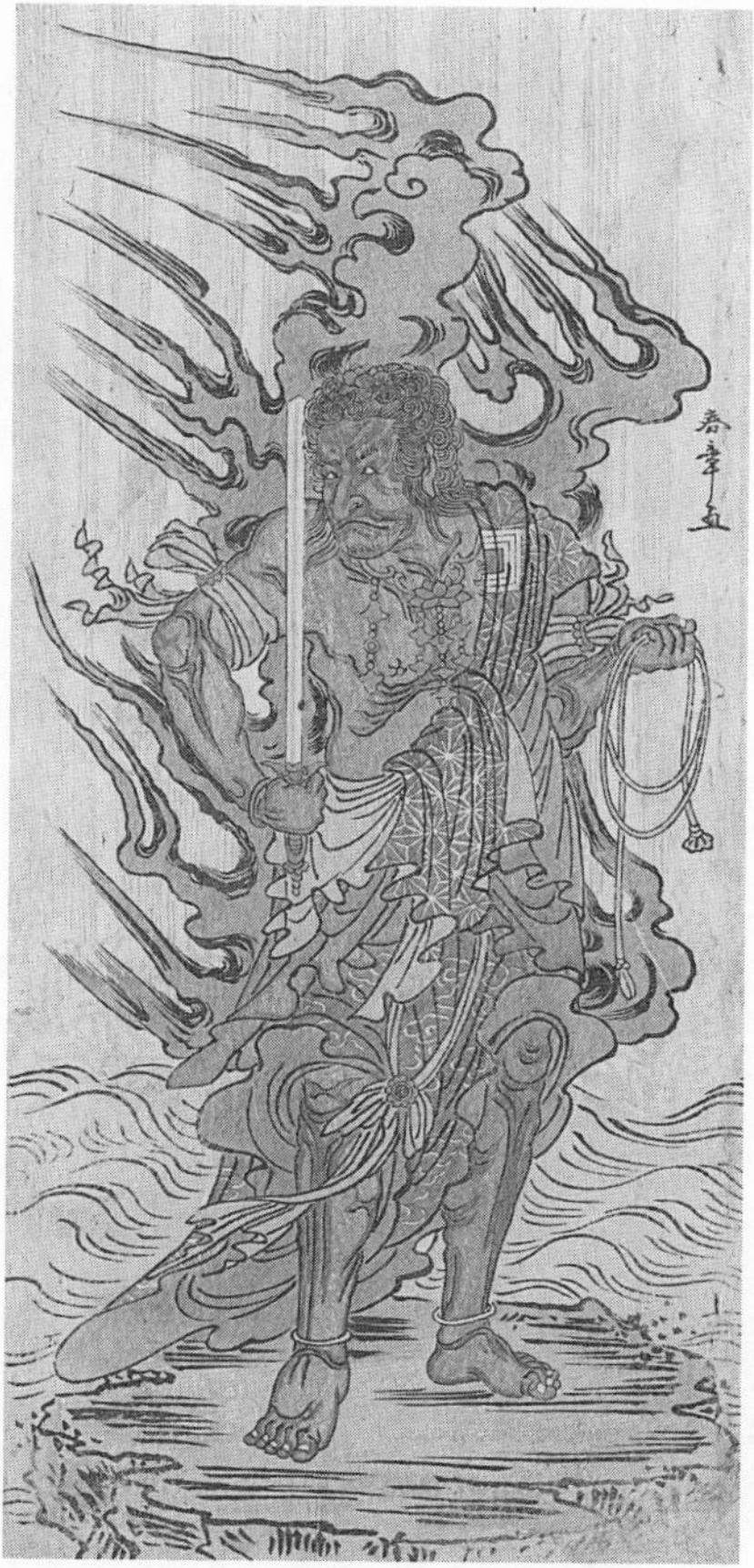
21　五代目團十郎の不動明王　勝川春章
大英博物館

末までも不動明王ふどうめうわう　七代目市川三升」の文字があり、六樹園飯盛《めしもり》、和泉屋勘十郎ほかの人々が奉納した扁額が描かれている。合巻の中に描かれた扁額には「奉造立額堂一宇於成田山不動尊霊場　文政五壬午十二月十九日上棟　七世市川三升」と書かれている。「つ[2]がもねえ絵馬堂の建つ成田山」(『誹風柳多留』九〇編)の川柳は、この絵馬堂を指している。

残念なことに、この「三升の額堂」は、昭和四十年(一九六五)に焼失して現在はない。

長く男子に恵まれなかった七代目團十郎は、初代團十郎の故事にならって成田山に祈誓をかけ、文政六年(一八二三)十月五日に念願の男子を授かった。幼名新之助《しんのすけ》、後の八代目團十郎である。七代目は深く感謝し、蒔絵《まきえ》師羊遊斎更山《ようゆうさいこうざん》作になる七五三の三組盃《みつぐみさかずき》を奉納した。盃の内側に「顔見世や子持となりし江戸の鯉」の句、外側に「新之助出生してありかたきまゝに　七代目三升」と書いてある(図22)。

文人でもあって、蜀山人《しょくさんじん》や焉馬《えんば》など当代一流の知識人との交流があった七代目は、成田山との親密な関係を一層深め、両者の間に数多くの逸話を残した。

天保十三年(一八四二)、天保の改革に当たって奢侈《しゃし》の咎《とが》で江戸十里四方追放の罪を受けた七代目は、一旦成田山新勝寺に身柄を預かってもらい、約一年間塔頭《たっちゅう》の延命院で日を送っている。七代目(当時海老蔵)が追放された年、八代目團十郎は二十歳になっていた。親孝行の彼は、蔵前の成田不動の出張所に日参して父の赦免《しゃめん》を祈願し、また弟妹の面倒をよくみたことが町奉行に聞こえ、弘化二年(一八四五)に善行の御褒美《ごほうび》として鳥目《ちょうもく》十貫文を賜わった。七代目が赦免されたのは嘉永二年（一八四九）のこと、翌嘉永三年三月、七代目の江戸帰参を祝い、成田山および村の人々が約三十両の奉賀金と引幕《ひきまく》を贈った。

八代目は大病を患った時、その平癒《へいゆ》を成田山に祈願して全快することができた。このことを報ずる瓦版《かわらばん》が出た。以前は二代目にかかわるもので、享保二十年（一七三五）のものと考えられていた資料だが、近年加賀佳子氏の考証で、これが八代目に関するものであり、嘉永四、五年（一八五一、五二）ごろ作成されたものとわかった。瓦版の文句は次のとおりである。

22　七代目團十郎奉納の三組盃　成田山霊光館

「其むかし祐天《ゆうてん》上人は、ふどう明王の霊夢に、天くにの宝けんを呑《のむ》と夢みて悪血をはき、夫《それ》より才知人にすぐれ、かゝる上人とはなり給へしとかや。しかるに、当五月廿三日夕七ツ時すぎ、御ひゐき市川團十郎俄《にわか》に悪血をはきし事二升あまりにして、気をうしない一言のこたい《（答え）》もなかりしかば、ひと〳〵はぎようてんなし、さま〳〵かいほういたし、中にもおくり万吉・栄次といふもの髪をおろし、御蔵前なる成田ふどう尊へ大願をかけ日さんをはじめけるが、ふしぎなるかな、其夜九ツ時ごろやう〳〵しやう気つきしかば、みな〳〵よろこびかぎりなく、日にまし全快におもむき、近日出きんもなるべきは、全くふどう明王の利やくによって蘇生《そせい》なしたるものならんと人々おそれざらんものはなかりける。おそるべし〳〵」。成田不動のあらたかな霊験によって、團十郎は生命を救われ、蘇生したという。幕末の時代にもこうした庶民信仰はしっかりと生きていたのである。

この時（嘉永四年九月）、八代目は市村座で全快を祝う狂言「源氏《げんじ》模《も》様《よう》娘《ふりそで》雛形《ひながた》」を上演している。これは柳亭種彦の合巻『偐紫《にせむらさき》田舎源氏《いなかげんじ》』を歌舞伎化した狂言で、主人公の美男子足利光氏《みつうじ》を八代目が演じた。まさに適役であった。この狂言で八代目は、平野屋徳兵衛も演じている。そして、川の中から成田不動明王の縄にすがって引き上げられ、蘇生する場面があった。大切では「歌舞妓十八番之内」と銘打って「不動」を演じた（図23）。

九代目團十郎も父祖代々の成田山信仰をしっかりと受け継いだ。彼は不動の役を勤める時には成田山新勝寺に参詣し、そのたびに自筆の彩色不動明王尊像一幅を寄進している。

明治二十二年（一八八九）六月、中村座で「奈智瀧祈誓文覚《なちのたきちかいのもんがく》」を上演した。

昭和三十七年（一九六二）の十一代目團十郎襲名、昭和四十四年（一九六九）の十代目海老蔵襲名、昭和六十年（一九八五）の十二代目團十郎・七代目新之助襲名と、市川團十郎家の慶事に際しては、いつも成田山新勝寺に対する報告行事があり、成田の参道ではなやかなお練り行列が行われている。昭和四十二年八月十七、十八日に、新之助時代の十二代目は、国立劇場で研究会の荒磯会《あらいそかい》を催し、「櫓太鼓成田仇討《やぐらだいこなりたのあだうち》」を上演し、不動明王を勤めた。さらに十二代目襲名後の平成四年（一九九二）には息子の新之助とともに、興教大師八百五十年御遠忌記念興行と銘打つ「成田山分身不動」を復活上演した。元禄十六年の初演以来はじめての復活上演は團十郎家の当主である十二代目の並々ならぬ意欲を感じさせる舞台だった。

市川團十郎の代々が元禄の初代以来常に江戸文化史の中核に存在しつづけた事実は、江戸人の熱心な成田不動尊信仰と切り離して考えることはできないだろうと思う。

23　「源氏模様娘雛形」　八代目團十郎の不動と平野屋徳兵衛　歌川豊国（三代）　ヴィクトリア・アルバート博物館

（1）額堂
大寺社において、奉納された絵馬や扁額などを常時掲げておくための建物の称。新勝寺にはすでに一字の額堂があったが、七代目が寄進したのは別の一字である。

（2）つがもねえ
「ばかばかしい」「途方《とほう》もない」という意味の江戸の流行語。元来は遊里語だったとされるが、歌舞伎では荒事の常套語として使われる。現行の狂言の例では、「助六」に「誰だと思う、ヱ、つがもねえ」「ここへ出やアがれ。誰だと思う、江戸男達の総本寺、揚巻の助六だぞ。ヱ、、つがもねえ」などと出る。上記の川柳の場合は、團十郎の得意ぜりふと「途方もなく立派な」という意味を兼ねさせたものだろう。

四代目（一七一一～七八）

異色の團十郎

四代目團十郎は、正徳元年（一七一一）に生まれ、幼名を七蔵と言った。江戸堺町の大茶屋和泉屋勘十郎の次男であるが、実は二代目團十郎の子だとも言われていた。三歳の時、初代松本幸四郎の養子になり、松本七蔵と名のって九歳で初舞台を踏んだ。

二十四歳のころまでは女形《おんながた》として舞台に立っていたが、享保年間（一七一六～三六）の末から立役《たちやく》(1)に転じ、二十年（一七三五）十一月、二代目が海老蔵《えびぞう》となり、升五郎《ますごろう》が三代目團十郎を襲名した興行で、七蔵も養父の名を襲《つ》いで二代目松本幸四郎と名のった。以後、実悪《じつあく》(2)もしくは敵役《かたきやく》の演技を得意とし、なかでも「敵討《かたきうち》巌流島《がんりゅうじま》」の巌柳《がんりゅう》（スケールの大きい悪人の役）が当たり役となり、生涯にしばしばこの役を演じている。こうした芸歴を持つ幸四郎が、早く三代目團十郎を失った海老蔵の養子になり、宝暦四年（一七五四）十一月に四代目團十郎を襲名したのである。四十四歳であった。十二年間空白だった團十郎の名跡《みょうせき》が復活することになり、江戸の大衆が喜んだのはむろんだろう。四代目襲名に至る経緯について『市川栢莚舎事録《はくえんしやじろく》』は次のような逸話を載せている。

「二代目幸四郎は三代目團十郎の没後途絶えている團十郎の名跡を襲名したいと切望し、栢莚（二代目團十郎）の菩提所、増上寺の常照院に斡旋《あっせん》を頼んだ。常照院は世話を引き受け、たって栢莚に薦《すす》めた。栢莚も菩提所常照院住職の世話は無視できなかったのかこれを了承し、團十郎の名跡を襲がせることを決めた。幸四郎の喜びは並大抵ではなかった」

團十郎の名を求めた四代目の並々ならぬ野心の結果であるとする『舎事録』の記事が、どこまで真実を伝えているかはわからないが、三代目を失った傷心の海老蔵や江戸の劇界が名跡の後継者を求めていたのは事実だったろう。彼は、それ以後四代目の團十郎として実事《じつごと》の役々に精進するが、芸の系譜の上からは異色の團十郎であることを否めなかった。

四代目は神経質で喧嘩早い感情家であったらしい。体つきは長身で手足が長く、顔は面長でふくらみに欠けた。二重の瞼《まぶた》で三角の険しい目付きは、たしかに実悪の役者にふさわしい。あたかも勝川春章《かつかわしゅんしょう》、一筆斎文調《いっぴつさいぶんちょう》によって役者絵を似顔で描くことが始まったため、今私たちは四代目の容貌や姿、芸風の特徴を実際に見るように想像することができる。このような身体的な特徴を備えていた四代目は、初代、二代目によって作り上げられた「市川團十郎」のイメージとは明らかに異質である。明快で楽天的な荒事の性格には不向きだった。しぜん彼の演技は内向的で陰気に偏《かたよ》りがちだったからである。彼が初め実悪や敵役の道を歩んだのも当然だった。しかし、團十郎となって後は、それだけでは済まなかった。彼は自分の芸風に適した、景清《かげきよ》のような役に活路を見出して精進し、市川團十郎の名をはずかしめない名優になっただけでなく、息子の五代目へと「市川水の流れ」の継承を果たした。

四代目の芸風

四代目は「助六」、「暫《しばらく》」、「鳴神《なるかみ》」などを演じてはとかく評判が芳しくなかった。それに対して、宝暦六年（一七五六）八月中村座の「菅原伝授手習鑑《すがわらでんじゅてならいかがみ》」の「寺子屋」の松王丸の役は大好評であり、春から打ち続いての不評を挽回したと評された。四代目が松王丸の役を生涯の当たり役にしたことは、彼が一世《いっせ》一代《いちだい》を記念するのにこの役を選んだことによってもわかる（後述）。彼の創造した松王丸の演出は、現代まで「松王丸の型」となって伝承されているのを見ても、それがいかに好評であり、すぐれたものであったかが理解されるだろう。「寺子屋」の松王丸の役は、前半は敵役の性根で、後半にモドリ(3)になってからは実で行くという屈折した役であり、近代的な心理表現も必要な役である。元来人形浄瑠璃《にんぎようじようるり》として制作されたこの芝居は、主要な登場人物に「思い入れ」や「気持事」が要求される。そういう繊細な芸は初代、二代目の團十郎の芸脈の中には存在しなかったものである。四代目はそれを得意として「名人」の評価も受けた。

(4)宝暦七年（一七五七）正月、「日本塘鶏音曾《にほんづつみとりのねそ》我《が》」の二番目の所作《しよさ》事《ごと》に、女形の役で初代中村富十郎と二《に》人浅間《にんあさま》の趣向を踊った（図24）。また、宝暦十三年（一七六三）五月中村座では、「蛇柳《じややなぎ》」を初演した。「蛇柳」は後に歌舞伎十八番の一番として含まれる趣向である。内

24　四代目團十郎の清玄亡魂と初代中村富十郎の八橋亡魂　鳥居清広　大英博物館

容の詳しいことはわからないが、『花江都歌舞妓年代記』に「高野山蛇柳、團十郎丹波の助太郎、道外《どうけ》の仕内《しうち》。後に三勝《さんかつ》が死霊のり移り、大薩摩《おおざつま》主膳太夫《しゅぜんだゆう》浄るりにて嫉妬のあれ、大当りなり」と書かれている。道化の阿呆の演技から、やがて嫉妬の女性が憑依《ひょうい》して荒事になる仕組《しぐ》みとあっては、團十郎の役としてはまことに不思議な芸だったに違いない。このような役柄を勤めることも、彼以前の團十郎家の伝統にはなかったことである。

團十郎贔屓《びいき》の江戸の人々は当初これに戸惑いを隠しきれず、しばしば批判の声を発したのだった。『役者名物袖《そで》日記』は、こんなふうに述べている（現代語に訳した）。

「親の名前、師匠の名跡によって強みがあるということは、きわめて大きい。現代の例でいえば、團十郎である。この人は幸四郎といった時代には実悪の名人だった。しかし、團十郎と改名し、立役に替わってから『親玉』と呼ばれるようになったのである。幸四郎の名では『親玉』とは称しにくい。名前によって一割の強みがあるのである」

25　四代目團十郎の前髪左平実は景清（右）と初代中村歌右衛門の唐犬十右衛門　一筆斎文調　ベルギー王立美術館

『役者名物袖日記』の著者は、名によらず、芸道を鍛練して見物に引き立てられ、実力で上手になった役者もあることを、例をあげて説明している。四代目團十郎が実悪の実力者であることを認めつつなお、現在別格の地位を得たのは「江戸の團十郎」という名跡の力によるところが多大だと喝破しているのである。この書が出版された明和八年（一七七一）、四代目は六十一歳になり、幸四郎の旧名に戻った年である。

荒事の役のうち、四代目が得意としたのは景清である。宝暦十年（一七六〇）の「曾我万年柱」には「解脱《げだつ》」、明和四年（一七六七）の「牢破りの景清」、安永三年（一七七四）の「御誂染曾我雛形《おあつらえぞめそがのひながた》」には「鎌髭《かまひげ》」を演ずるなど、のちに歌舞伎十八番に含まれる景清系の荒事は、実に四代目によって創始または洗練されたものである（図25）。

明和七年（一七七〇）十一月、実子の三代目松本幸四郎に五代目團十郎を襲名させ、自分はいったん旧名の幸四郎に戻るが、明和九年（一七七二）十一月にはさらに三代目海老蔵を襲名した。

実《じつ》の名人

安永二年（一七七三）中村座の顔見世《かおみせ》に「御摂勧進帳《ごひいきかんじんちょう》」の弁慶を演じる。作者は初代桜田治助（一七三四〜一八〇六）。この興行は市川家一門を中心にした大一座であり、古今無類の大当たりとなった。そのために中村座は桟敷《さじき》を増設したほどである。これは後の七代目團十郎による「松羽目《まつばめ》」の「勧進帳」以前の伝統的な荒事の弁慶で、富樫《とがし》を五代目團十郎が演じた。計略とはいいながら、縄で松の樹に縛られた弁慶が「めそめそと泣く」趣向がいかにも桜田治助の仕組みらしく洒落《しやれ》っ気に富んでいた。

四代目の芸風は、初代以来既成の團十郎のイメージに合わなかったが、時代の求めるところは確実に変化してきていた。その「当風」（時代の風潮、好み）が江戸歌舞伎の体質を徐徐に変貌させつつあったことを認めておかねばならない。江戸歌舞伎に滔々《とうとう》と流れ込んできた浄瑠璃物（義太夫物《ぎだゆうもの》）の影響もある。だが、このこともその種の仕組みと演技とを歓迎する土壌あってのことである。「切った投げたの太平楽」ばかりでは、もはや江戸の観客は満足しなくなっていた。歌舞伎は変わらねばならない。写実の芸も求められるようになった。こうした時代相の中にあって、四代目團十郎はしかるべき評価を獲ち得たのである。彼は「実の名人」であり、芝居がうまかった。團十郎に期待するところも時代とともにおのずから動いたことがわかる。

木場の親玉

安永五年（一七七六）七月十五日初日、市村座の「菅原伝授手習鑑」で、彼は興行途中の九月九日から「松王を名残《なごり》に一世一代舞納《まいおさめ》」と裃《かみしも》姿で口上を述べ、「今よりはかはらで年のつもれかし　たが三升《みます》とも老《おい》の海老腰《えびごし》」の狂歌を記した摺物《すりもの》を配った。この興行は大変な大入り大当たりとなり、十月まで打ち続けたと言う（『歌舞妓年代記』）。その千秋楽《せんしゅうらく》の日、彼はにわかに剃髪《ていはつ》して帰宅し、家人をびっくりさせた。誰にも相談もせず引退を決意したのだった。この時六十六歳。剃髪して「随念《ずいねん》」と名のって後は、深川木場《きば》の自宅に引きこもり、かねてから交際のあった俠客《きようかく》や俳諧《はいかい》仲間と交遊する一方、五代目團十郎・四代目幸四郎・初代中村仲蔵《なかぞう》らの門弟を集め、「修行講《しゆぎようこう》」と呼ぶ演技の研究会を開いたりして暮らしていた（修行講については99頁）。世話好きで親分肌だった四代目のことを、世間では親しみをこめて「木場の親玉」と呼んでいた。

引退してわずか二年たらずの安永七年（一七七八）二月二十五日、六十八歳で病没した。法名を廓誉悟粒随念法子《かくよごりゆうずいねんほうし》といい、芝の常照院に葬られた。法名の中に「ごりゅう」の音が含まれているのは、彼の俳名「五粒《ごりゆう》」にもとづく。辞世は「極楽と歌舞の太鼓にあけがらす今より西の芝居へぞ行く」。

（1）立役

男役または男役を演じる俳優の総称。江戸時代には、役柄（役の類型によって役者を分類する時の名称）の一つとして用いられた用語。男の役のうち、若衆《わかしゆ》形・実悪・敵役・道外《どうけ》形・親仁《おやじ》形のいずれにも属さない役者を指して、「立役」に分類した。すなわち、荒事師・濡《ぬれ》事《ごと》師・実事師など、善人の役を含む役柄であった。時代が降《くだ》って一役者一役柄の原則が崩れると、広く「善人の男役」の意味で使われるようになる。

（2）実悪

敵役の一つ。誠実な人と見せかけて、主家横領を企む大悪人の敵役を言い、元禄期に生まれた。事件の中心をなす敵役で、「立敵《たてがたき》」ともいわれ、堂々としていて貫禄がある。性格は冷血かつ残酷である。「公家悪《くげあく》」もこれに含まれる。

（3）モドリ

本性を隠し、悪人として行動していた人物が、のちに本性（つまり善人）に戻ること。人形浄瑠璃および義太夫物の歌舞伎に見る劇作法・演出の一つである。悪人として行動している時は、善人の本性を隠して見せてはいけないとされている。

（4）この時代（宝暦年間ころ）、大坂には名作者と謳われ、中興の祖と称えられた初代並木《なみき》正三《しょうざ》（一七三〇～七三）がいた。彼はスケールの大きい悪人劇を仕組んで評判作者となり、併せて回り舞台・せり上げなど数々の舞台機構を工夫して、その改良に大きく貢献した。正三の高弟が初代並木五瓶《ごへい》で、次代の江戸歌舞伎に新風を吹き込むことになる。

五代目（一七四一〜一八〇六）

開花した江戸歌舞伎

安永（一七七二〜八一）・天明（一七八一〜八九）から寛政（一七八九〜一八〇一）にいたる時期は、札差《ふださし》や幕府御用達商人などに代表される上層町人の富裕な経済力をバックに、江戸文化がはなやかに開花した時代であった。吉原がもっとも繁栄したのも、「通《つう》」「粋《いき》」「洒落《しゃれ》」など洗練された高度な美意識がもてはやされたのもこの時代である。江戸歌舞伎はそうした花開く江戸庶民文化の象徴であった。現在も行われる「助六」の豪華な雰囲気と演出が、いわゆる天明調の色合いをしのばせている。

この時期に、江戸の歌舞伎界に君臨したのが五代目團十郎であった。五代目は四代目の実子で、寛保元年（一七四一）八月に生まれている。幼名を梅丸《うめまる》といった。宝暦四年（一七五四）正月、十四歳で松本幸蔵の名で初舞台。同年十一月父親の幸四郎が四代目團十郎を襲名したため、その名跡《みょうせき》を継ぎ、三代目松本幸四郎となった。それから十六年後の明和七年（一七七〇）十一月、父四代目が旧名幸四郎に戻り、彼は五代目團十郎を襲名したのである。その時、三十歳であった。

　五代目は、その容貌・体格ともに父の四代目とよく似ていた。このことは、似顔を描くようになった当時の錦絵《にしきえ》によって両人を比較すれば一目瞭然であろう。芸風も父に似て、幸四郎時代には景清《かげきよ》など実悪《じつあく》系統の役を得意にし、認められていた。團十郎襲名後は、意識的に実事《じつごと》に精進、「仮名手本忠臣蔵《かなでほんちゆうしんぐら》」の由良之助《ゆらのすけ》を團十郎として初めて演じたのも五代目だった（図26）。

26　五代目團十郎の大星由良之助（七段目）　勝川春章

27　江戸三幅対　五代目團十郎・谷風・花扇　勝川春好　東京国立博物館

彼の活躍した時代には、名優と謳《うた》われた初代中村仲蔵《なかぞう》や四代目岩井半《はん》四郎《しろう》らがいて、江戸歌舞伎はまさに開花期であり、演技者としての実力が高く評価される時期でもあった。図27は、江戸のトップ・スターであった五代目・相撲取りの谷風《たにかぜ》・吉原の遊女花扇《はなおうぎ》の三人を「三幅対《さんぷくつい》」の見立てで描いている。これが大江戸の春、天下太平のシンボルであった。

新しい團十郎像

安永七年（一七七八）二月二十五日、劇界を引退していた父海老蔵《えびぞう》（四代目團十郎）が六十八歳で亡くなった。たまたま中村座に出勤していた五代目は、「国色《かいどういちや》和《わらぎ》曽我《そが》」に景清を勤め、四代目岩井半四郎の娘人丸との親子別れのシーンが大当たりを取っていたが、父の死去に遭《あ》い不吉の前兆だったとしてこの幕をつき変え、[1]三月五日から「景清遁世《とんせい》の場」（坊主景清）を出し、さらに五月五日から三番目狂言として五粒《ごりゅう》（四代目の俳名《はいみょう》）追善「牢破りの景清」を上演した。大切《おおぎり》は成田不動尊霊で締めくくった。「正月より五月晦日《みそか》まで休みなく、三度の景清あかれずして百三十余日興行。近年珍らし」と『歌舞伎年表』にある。五代目は、天明四年（一七八四）正月中村座の「筆初《ふではじめ》勧進帳《かんじんちょう》」でも、当初は一月晦日まで興行の予定だったのを、二月一日から五粒七回忌追善と銘打ち、「牢破りの景清」を追加して興行をつづけた。これも大入り大当たりとなり、この興行は二月二十四日までつづけた。五代目は追善の俳句「叱られた顔もなつかし雉子《きじ》の声」を扇に書きつけたという。父譲りの景清を当たり役の一つにしていたことがわかる。ついでながら、この句はかつて九蔵《くぞう》が二代目團十郎を襲名した時、其角《きかく》が贈った初代追悼の句に「塗顔《ぬりがお》の父はなからや雉子の声」とあった（『五元集』）のを踏まえている。

五代目は積極的に自分の芸域を広げようと努力していた。これまでの團十郎が誰も演じなかった純粋な女形《おんながた》の役（図28）を勤め、道化《どうけ》役もやれば侠客《きょうかく》の役も演じた。このように幅の広い役柄を演じること自体、團十郎の代々にとっては画期的なことであった。この背景には、当時の観客が團十郎にもそれを要求するようになっていたことがある。五代目は若いころから病弱で神経質だったが、よく努力して新しいタイプの團十郎像を完成させたといってよい。

修行講《しゅぎょうこう》のこと

寛政期の江戸歌舞伎は、前代[2]のおうようでゆったりとした天明調から、しだいに写実的でこまかい芸が好まれていく過渡的な時代である。すでにその傾向は天明期から現れ始めてい

28　五代目團十郎の檜垣婆亡魂
勝川春章

た。四代目團十郎やその高弟初代中村仲蔵の演技はしだいに写実的傾向を帯び、役の表現に丹念かつこまかい工夫を加えるようになってきた。彼らはたゆまぬ芸の修行に加えて研究熱心でもあった。

このことを象徴的に示しているのが修行講である。四代目團十郎は技芸の向上に努め、深川木場の自宅に愛弟子《まなでし》たちを集め、「修行講」と名づける研究会を開いていた。その会の常連は、五代目團十郎、初代中村仲蔵、四代目松本幸四郎、二代目市川八百蔵《やおぞう》らである。いずれも時代を代表する名優になった働き盛りの役者ばかりだった。しかも、四代目の御曹司《おんぞうし》である五代目團十郎以外はみな実方《じつがた》の役者で、写実的な芸を得意にした腕利きの役者揃いである。

この会のことを回顧して、五代目は「何の役がきた時はどうする、この役は思入れがあらうか、と互に工夫魂胆《こんたん》を論じ合ひたるゆゑ、孰《いず》れもじようずの名を取り候」と言っている(『役者此手嘉志和《このてがしわ》』)。文字どおり熱心な演技研究会の雰囲気が感じられる。しかし、五代目はあまり熱心な会員ではなかったらしい。「私はたゞ酒を飲み、俳諧などを楽しみ居り候ゆゑ、親(四代目)申し候は、この席へも出て少しは芸の修行も致せと申され候」とあるのによれば、おうような芸風の五代目は「工夫魂胆」に心を砕くのを嫌ったようである。彼は芸《げい》咄《ばなし》の中で「仲蔵、高麗蔵《こまぞう》(四代目幸四郎)のやうに、何ぞなければ見物ごらんぜぬやう成てはこまる」とつぶやく。「何ぞなければ」とは「何か一つは新工夫の新しい演出がなければ」という意味である。自分はそういう芸をしなくても見物が見てくれるという自負の言葉ともとれる。

ある人が五代目に向かって「あなたは舞台の芸を大まかになさるから、大まかなことをすると『團十郎芸者』だと悪口を言っています。あなたもちっとは魂胆をなさって、細かい演技を工夫してみてはどうですか」と意見を言う。五代目は「私は芸も拙《つたな》く、とかく病気がちで、神経を疲れさせることはまったくできません。それで、若い頃から魂胆ということを捨てていたしません。(中略)難しいところは路考《ろこう》(三代目瀬川菊之丞)、杜若《とじゃく》(四代目岩井半四郎)、新車《しんしゃ》(二代目市川門之助)、錦升《きんしょう》(五代目松本幸四郎)らに相談して教えてもらえば十分だから、今年五十一歳になるまで魂胆ということをしたことがありません」（『東《あずま》の花勝見』。現代語に意訳した）と答えている。五代目の五十一歳といえば、六代目に名跡を譲って鰕蔵《えびぞう》と改名した寛政三年（一七九一）のことである。五代目は謙虚な人柄だったから、このように言ったとも取れる。だが、彼の中には「花の團十郎」を生きねばならない宿命があり、少なくとも表向きにはこのように開き直っている必要があった。「とかく市川流は狂言を大まかにして其気性をもってするが専一」（『役者此手嘉志和』）との世間の認識に忠実ならんとした結果であろう。

仲蔵名優伝説

修行講の席上、「忠臣蔵」五段目の斧定九郎《おのさだくろう》の演出についての話題が出た時の話がある。五代目が親交のあった(3)劇神仙《げきしんせん》に直接語ったことだから信憑性《しんぴょうせい》があると思われる話である。ある時、五代目が「定九郎の扮装をこのように（註—現行演出のような黒の羽二重《はぶたえ》の尻はしょり、朱鞘《しゅざや》の大小、白塗り、破れ傘というこしらえを指す。浪人者の写実である）してはどうでしょうか」と自分の考えを持ち出した。五代目による珍しい工夫だった。すると、父の四代目は「それは人柄の悪い侍《さむらい》の生き写しというものだ。團十郎はそのようにはしないものだ」と戒める。五代目は「なるほど、そんなものか」と納得したのだろうか、引き下がってやめたという。それから暫く経《た》って、(4)秀鶴《しゅうかく》中村仲蔵がやってきて「先日の定九郎の新演出の工夫が不要であれば私にください」と申し出た。「お聞きのように、父に制止された思案ですから、私は一生いたしません。勝手にお使いなさい」とあげてしまった。だから、あの定九郎の新演出は仲蔵のアイディアということになったのだ。このことは誰にも言わないように、と語ったというのである。

明和三年（一七六六）九月の「仮名手本忠臣蔵」で、仲蔵は新演出の定九郎を披露して名優伝説を作った（図29）。これは現代にも落語[5]「中村仲蔵」として耳に親しい話柄《わへい》である。もっとも落語の方は、仲蔵自身が浪人者を見て思い付いたアイディアということになっていて、味わいの深い人情噺に仕立てられている。仲蔵が始めたこの新演出も、初演当初は「品

29　初代中村仲蔵の斧定九郎　勝川春章
クラクフ国立美術館

んが悪い」「立者《たてもの》のする業ではない」と悪評だった。品のいい古風をよしとする見物もたくさん居た過渡的な時代であることが、この評判にも反映している。

五代目の芸談

これら修行講をめぐる逸話は、時代の好みの赴く先と、あえてそれに抗《あらが》って祖父栢莚《はくえん》（二代目團十郎の俳名）以来の伝統的な「團十郎の芸」をもって生き抜こうとした五代目の立場と意思とを教えて余すところがない。五代目は、こまかい演技の工夫をするのは仲蔵や幸四郎に任せ、自分はおうように、何もしないで観客が喜ぶような、花のあるスケールの大きい役者でありたいとの願いを持っていたのである。だが、彼は決していい加減の役者だったわけではない。彼が演じた役々を調べ、彼の芸談を読めば、彼が自分の勤める役に対して、いかに真剣に取り組んでいたかを窺《うかが》い知ることができる。そうした苦心をことさらに言い立てるのを、團十郎としていさぎよしとしないと考えていたのであろう。この苦しい立場が、結果的に五代目を早い引退に導いたのは真にやむを得ないことだったと言わねばなるまい。

五代目が自身で記した演技ノートが團十郎家（堀越家）に伝わっていたという。関東大震災で焼失したが、伊原青々園《せいせいえん》の著した『市川團十郎の代々』に筆写して紹介されているのによって内容を知ることができる。その中に、「書抜《かきぬき》の通りよく〳〵覚える」「定九郎のやうに魂胆してはたまらず、時々でかせば（成功すれば）よし」「何事も舞台でみんな仕返しするやうに励む。みんな舞台へこる（熱心に打ち込む）。外のことにこつては舞台わるくなり、

郵便はがき

料金受取人払郵便

小石川局承認

1918

差出有効期間
2021年6月9
日まで
(切手不要)

112-8731

東京都文京区音羽二丁目
十二番二十一号

講談社
学芸部 学術図書編集 行

ご購読ありがとうございました。今後の出版企画の参考にさせていただきますので、ご意見、ご感想をお聞かせください。

■ご購入いただいた本
シリーズ（いずれかに丸をつけてください） 学術文庫 選書メチエ 単行本
書名

■お住まいの地域 〒□□□-□□□□
都 道 府 県

■性別 1 男性 2 女性 ■年齢 歳
■ご職業 会社員 公務員 教職員 研究職 自由業 サービス業 主婦 大学生 短大生 各種専門学校生 高校生 中学生 経営者 無職 その他（ ）

TY 000045-1904

1．本書についてのご意見、ご感想をお聞かせください。

2．今後、出版を希望されるテーマ、著者、ジャンルなどがありましたらお教えください。

3．最近お読みになった本で、面白かったものをお教えください。

小社発行の以下のものをご希望の方は、お名前・ご住所をご記入ください。

・学術文庫出版目録　　希望する・しない

・選書メチエ出版目録　　希望する・しない

〈ご住所〉

〈お名前〉

ご記入いただいた個人情報は上記目的以外には使用せず、適切に取り扱いいたします。

おるすになるなり」「出世をするに随ひ、わるい事をいふてくれる人なし。そこで、わるい事を見て、聞いて、言つてくれる人をこしらへて置くなり」「いつまでもおれは下手だと思ふているがよし。おれは上手だと思ふともうそれきりなり」「よい役もわるい役も同じやうにする。わるい役捨てず。捨てれば猶《なお》わるく見える。わるい役でも、やつぱりこつて身にしみてする也」などのことばがある。ここに彼の性格や技芸観を見るのは興味深い。

人間白猿《はくえん》の魅力

安永・天明期の五代目は、「毛抜《けぬき》」「鳴神《なるかみ》」「助六」「外郎売《ういろううり》」「景清」「不動」「暫」「矢の根」などを演じ、また女形も実事も勤めて名優の名をほしいままにしたが、寛政期に入ると病気で休演することが多くなった。寛政三年（一七九一）十一月、五代目は息子の海老蔵に六代目を襲名させ、自分は鰕蔵と改名した。その口上がたいへんな評判となって観客が押しかけたというから、衰えぬ人気の程が察せられる。五十一歳であった。その口上の内容はまことにおもしろいもので、洒落の人五代目團十郎の面目躍如だった。『歌舞伎年代記』の記事を引けば「祖父《じい》、親は海老蔵の文字を付けましたが、私がゑびは天鰕《ざこえび》の文字を用ゐまする。又祖父は栢莚、親は五粒、忰《せがれ》は海老蔵の節柏莚、私は白い猿と書いて白猿《はくえん》と申します。此心は、名人上手には毛が三筋《みすじ》足らぬと申す義でござります」とある。しかし、これがあまり評判を呼んだので、「口上にて入りがあるのは恥のうち」と言って、四日だけでやめてしまったとのことである。五代目は格別に雄弁術にすぐれていて、若いころから「外郎売」のせりふなどに好評を得ていた。晩年の口上には、たとえば毎日一首ずつの狂歌を読み込む(寛政十年、六代目團十郎が中村座で初めて座頭《ざがしら》になった時)など、彼の人間味をそのまま表現することで喝采を浴びた。演技を離れても、人間白猿の魅力が江戸の人たちにはたまらないものだったようである。改名の発句は「毛が三すぢ上手《じょうず》に足らず簔寒《さむ》し」だった。五代目が俳名の文字を白猿と改めたことについて、私は義兄弟の約束をするほど親しかった烏亭《うてい》(6)焉馬《えんば》との縁があるのではないかと想像している。「意馬心猿《いばしんえん》」の故事ばかりでなく、日本では古くから猿を廏《うまや》の守護神とする民俗があったからである。焉馬と白猿の関係については、後に述べる。

ここに東洲斎写楽《とうしゅうさいしゃらく》の描いた鰕蔵の大首絵《おおくびえ》がある。記念切手の図柄にも用いられたことがある著名な作品であり、傑作である(図30)。「正写し《しょううつ》」を希求する時代の好みが、こうした写実的な写楽の作品を生み出した。この絵には五代目の晩年の容貌の特色がよくとらえられている。

反古庵《ほごあん》の晩年

寛政以後の鰕蔵(五代目團十郎)は病気がちだったせいもあり、役者としての人生に迷いを生じていたらしい。寛政五年(一七九三)正月、河原崎座の「御前掛相撲曾我《ごぜんがかりすもうそが》」に、彼は局岩藤《つぼねいわふじ》・工藤・幡随院《ばんずいいん》長兵衛の三役を演じていた。この興行中、山東京伝《さんとうきょうでん》・鹿都部真顔《しかつべのまがお》とともに見物にきていた山東京山《きょうざん》(7)が、彼の楽屋を訪れた。岩藤の扮装のため、鰕蔵は若い女形に

30 「恋女房染分手綱」 五代目團十郎（鰕蔵）の竹村定之進　東洲斎写楽　ジェノヴァ東洋美術館

化粧を手伝わせていたが、「昨日も顔に白粉《おしろい》をつけさせながら涙を落としました。なぜならば、御素人《おしろうと》様ならば倅《せがれ》に家業を譲り隠居をすべき歳です。しかるに賤《いや》しい役者の家に生まれたために歳にも恥じずこうして女の真似をするのは、どういう因果だろうかと、しきりに涙を流しました。役者として、ここに気がついてはもはや芸にもつやがなくなり、永く舞台は勤まらぬものです」と嘆息した、と京山の『蜘蛛《くも》の糸巻』に記してある。それから三年後の寛政八年（一七九六）十一月、都座で一世一代の興行を行って引退、本所牛島の反古庵に隠居して成田屋七左衛門と称し、世俗を超えた風雅の生活にはいった。反古庵の様子について、山東京山の『蜘蛛の糸巻』に詳しい描写がある。それによると、反古庵は借家であり、六畳一間に勝手があるだけで、天井も張ってないので茅葺《かやぶき》屋根の裏が見えている。庭からの上がり口に双六盤《すごろくばん》の古びたものを置き、踏段にしてある。三尺の仏壇があり、中には小石を敷き仏具があるのだが、肝心の仏像がない。京伝、京山、鹿都部真顔の三人が訪問した時、不審に思って尋ねると、白猿は笑って「よくご覧なさい。あの紙は西の内です」と答えたので、みんな興を催したという。「西の内」は、現在の茨城県山方町西野内で産した和紙の名である「西の内紙」を省略したことばである。一般に極楽浄土は西の方にあると信じられ、「西方浄土《さいほうじょうど》」とも言われるので、「西の内」がそれを暗示すると洒落たのである。本当に世捨て人のような質素な住まいであったらしい。

反古庵には親交のあった文人たちがしばしば訪れていた。松崎欣一氏によると、有名な『蘭学事始《らんがくことはじめ》』の著者である杉田玄白《げんぱく》も、ここを訪問している。寛政十年（一七九八）三月二十一日のこと。『鵜斎日録《いさい》』のこの日の条に記事が見え、「暮春に津井二子と墨水に遊び、兼ねて俳人白猿の閑居を訊《たず》ぬ」と題して漢詩一首を掲げている。

しかし、五代目は自身の意志に反して、引退以後も二たび三たび乞われて舞台に立たねばならなかった。その時は市川白猿、成田屋七左衛門の名を使った。

享和二年（一八〇二）二月、河原崎座で工藤と「牢破りの景清」、「道成寺」の押戻《おしもどし》を勤めたのちは、劇場関係者とのいっさいの面会を断ち、ひたすら風雅の志を遂げようとした。文化三年（一八〇六）八月ごろから水腫《すいしゅ》にかかり、病床で念仏百首を詠み、念仏三昧《ざんまい》の日々を送っていた。十月二十九日には反古庵で俳諧の会を催し、烏亭焉馬も参会していたが、その会の半ばに没したと言う。一般には三十日を命日としている。享年六十六歳だった。法名を還誉浄本台遊法子《かんよじょうほんだいゆうほうし》と言い、常照院に葬られた。

辞世の句は「凩《こがらし》に雨もつ雲の行衛《ゆくえ》かな」である。

文人との交流

五代目は名優として「花の江戸歌舞伎」の頂点にあり、これを代表したばかりでなく、狂歌・俳諧をよくし、江戸の名ある文壇人たちとの並々ならぬ交遊関係によっても知られる逸材であった。

若いころから多病だったこともあってか、彼は文筆や風雅の道に多趣味であった。俳名は幼いころは梅童、長じて幸四郎の時代には男女川《おめがわ》、團十郎襲名後は三升《さんじょう》、さらに鰕蔵と改名してからは白猿《はくえん》と名のった。彼は狂歌にもすぐれ、花道つらね（花道のつらねとも）また反古庵とも号した。国立劇場蔵の五代目自筆の短冊には、「たのしみは春の桜に秋の月　夫婦中よく三度喰ふめし」の狂歌が残る。

安永六年刊『役者穿鑿《せんさく》論』は、この時代に活躍していた役者たち一人一人について、ゴシップを含めた裏話を集めていて、興味深い記事がある。五代目の項に、女中の詞《ことば》として「どうぞ三升さんに直筆《じきひつ》で発句を書いて貰《もら》ってくんな」と言わせ、評者の弁に「外の伎者《やくしゃ》は代筆が多いが、三升ばかりは新たに句を案じて、直筆に書きまする。其お気づかひはなされますな」とある。五代目の文才を、こんな形で評判しあっていたのだろう。

彼と親交のあった文人仲間には四方赤良《よものあから》（大田蜀山人《おおたしよくさんじん》）・鹿都部真顔ら錚々《そうそう》たるメンバーがいた。そして、「三升連《みますれん》」を始めとして五代目を後援する狂歌グループはいくつも結成されていた。文人たちの中でも烏亭焉馬の熱狂的な團十郎贔屓《びいき》は有名である。焉馬[8]は五代目と義兄弟の約束をし、團十郎の音をもじって談洲楼《だんじゅうろう》と号した。そして、本所相生町の自宅の建築から家具、装飾にいたるまで市川家の三升紋を使って喜んでいた。こうしたインテリの後援者たちに囲まれていた五代目は幸せだったと言うべきであろう。

五代目の俳句や随筆を集めたものに『友なし猿』『徒然吾妻詞《つれづれあずまことば》』『市川白猿集』などがあり、また焉馬との合作による戯作《けさく》に『五百崎《いおさき》虫の評判』（享和四年正月刊）がある。

烏亭焉馬は、五代目を鑽仰《さんぎょう》するために、数多くの書物を作って出版した。のちに「市川白猿七部集」と名づけたものは、『御江都飾鰕《おえどのかざりえび》』（寛政四年刊）、『美満寿組入《みますくみいれ》』（同八年刊）、

『今日歌《きょうか》白猿一首』（同十一年刊）、『團十郎七世嫡孫《しちせのまご》』（同十二年刊）、『市川白猿念仏百首数珠《じゆず》の親玉』（文化四年刊）、『江戸紫贔屓《ひいき》鉢巻』（同八年刊）、『以代美満寿《いよみます》』（文政元年刊）の七部を指す。これとは別に天明七年刊の『團十郎贔屓』もある。焉馬が編纂した『花江都歌舞妓年代記』（文化八～十二年刊）は、まとまった江戸歌舞伎の興行記録として貴重な業績であるが、代々の團十郎、とりわけ五代目関係の記述に筆を費やしており、これも彼の五代目に寄せた並々ならぬ情熱の所産であったことがわかる。

31　宮参り　五代目團十郎とその家族　鳥居清長　ギメ美術館

役者が狂歌や俳諧を通じて、文人や上層町人と親しく交際するのが一般の風潮となる安永・天明期に、浮世絵では役者たちの日常の姿を描くことが始まった。その嚆矢《こうし》と目されるのが、勝川春章《かつかわしゅんしょう》による絵本『役者夏の富士』（安永九年刊）である。書名の「夏の富士」は、雪を冠っていない夏の富士山の意味で、化粧をしていない役者の素顔、日常の姿をそれに見立てたのである。この風潮は、春章自身が名優の楽屋姿を描いた連作や、鳥居《とりい》清長《きよなが》が役者の日常姿に美人を取り合わせて描いた作品へと展開する（図31）。

（1）幕をつき変える
　歌舞伎の興行用語。一日の長い狂言の大筋は動かさず、そのままにしておき、不評の幕を引っ込めて新しい幕に取り替えることを言う。

（2）時代は確実に、そして早いテンポで動いていた。寛政六年（一七九四）、大坂出身の作者、初代並木五瓶《なみきごへい》（一七四七～一八〇八）が三代目澤村宗十郎とともに江戸に下り、合理的な作風を江戸歌舞伎に持ち込んだ。江戸歌舞伎の観客の要望が底辺にあったればこそ、江戸の興行師は破格の高給をもって上方作者の五瓶を迎え入れたのである。

（3）劇神仙（一七六九～一八四八）
　水戸家御用達の菓子商真志屋五郎作。得度《とくど》して後、寿阿弥《じゅあみ》と名のった。江戸時代中期の好劇家。とりわけ劇界の故実に詳しく、劇神仙（二代目）を号として俗曲の作詞なども手がけた。初代中村仲蔵の芸歴を綴った『秀鶴草子』に註を付けた書入れは『劇神仙筆記』または『寿阿弥筆記』と呼ばれて名高い。

（4）秀鶴
　明和・安永・天明期の名優初代中村仲蔵（一七三六～九〇）の俳名。『月雪花寝物語』『秀鶴日記』などの著書がある。

（5）落語の「中村仲蔵」
　中通《ちゅうどお》りと呼ばれる下級役者から出発した仲蔵が、ある時の「忠臣蔵」に、端役《はやく》の扱いだった斧定九郎一役を割り振られる。つまらない役なのでくさっていた仲蔵が柳島の妙見様へ参詣する途中、茶屋で休んでいると、にわか雨に遭い、尻はしょりして走りこんでくる浪人者を見た。「これだ」と思い、誰にも話さずに、それを取り入れた黒羽二重の衣裳に朱鞘太刀をさした扮装で登場し、観客の絶讃を浴びる。失意の仲蔵を励ます女房の心意気を織り交ぜた人情噺。近年では故林家彦六が得意にしていた。

（6）烏亭焉馬（一七四三～一八二二）

江戸時代中期の戯作者。当時の文壇、劇界のパトロンとして知られる。通称、和泉屋和助。別号、立川焉馬、談洲楼《だんじゆうろう》。江戸本所相生町の大工の棟梁を家職とした。安永六年（一七七七）ころから戯作を始め、浄瑠璃の作もある。五代目市川團十郎の熱心な後援者で、三升連《みますれん》を組織して、江戸ッ子の團十郎贔屓を盛り上げた。『花江都歌舞伎年代記』を編纂した他、自家版の白猿七部集を出版した。また、「咄《はなし》の会」を始め、江戸における落語中興の祖とも称される。

（7）山東京山（一七六九～一八五八）

江戸時代後期の戯作者。山東京伝の弟。江戸深川木場の質屋伊勢屋の次男。合巻作者として活躍し、百六十種を超える作品を残した。

（8）焉馬の自宅の装飾

『江戸客気團十郎贔屓』に、「入口三畳敷もこへおもしろく談《はなし》の洲《くに》の楼《たかどの》と書いて談洲楼とこじつけの額をかけ、三升《みます》の天井、鯉の滝登りの絵はりつけ、せうじもみな升組さして」とある。

六代目（一七七八～九九）

折れし三升《みます》の菖蒲太刀《しょうぶたち》

六代目は五代目の子で、安永七年（一七七八）に生まれた。門弟の市川升蔵が引き取り、いったん五代目の従弟にあたる芝居茶屋の和泉屋勘十郎の養子になるが、四歳の天明元年（一七八一）十月にあらためて五代目の養子になった。

その翌年の天明二年正月、中村座の「七種粧曾我《ななくさよそおいそが》」に、徳蔵《とくぞう》の幼名で初舞台を踏んだ。その役は座頭徳都《ざとうとくのいち》の役で、朝比奈《あさひな》役の初代尾上松助《まつすけ》の懐《ふところ》から、坊主頭に筋隈《すじくま》を取った顔で出て、中村仲蔵《なかぞう》の工藤祐経《すけつね》から玩具を貰うという趣向だった。同じ年の十一月、やはり中村座で海老蔵《えびぞう》（四代目）を襲名した。五歳の幼児だった。「五代源氏貢振袖」の一番目に、いせゑびあかん平という奴の役で登場し、暫《しばらく》のツラネを述べた。この襲名を祝って、(1)四方赤《よものあか》良《ら》が『市川ひいき江戸花海老《えどのはなえび》』（天明二年刊）という狂歌集を編み、父の五代目に贈った。五代目贔屓《びいき》の文人たちの眼も、この幼い将来の團十郎の上に暖かくそそがれていたのであ

る。

天明三年の十月二十八日、早暁の火事で中村座・市村座が全焼し、両座ともに顔見世《かおみせ》が出せなかった。翌四年（一七八四）正月、普請成って中村座では顔見世狂言を出した。「筆初《ふではじめ》勧進帳《かんじんちょう》」がそれである。その四立目《よたてめ》に常磐津《ときわず》の「吾妻街道恋重荷《あずまくだりこいのおもに》」があった。絵本番付には、七歳の海老蔵（六代目團十郎）が鷺の尾三郎の役で浅葱《あさぎ》のくくり袴《ばかま》をはき、稚児《ちご》の姿で刀をかついでいる姿が描かれている。花道の切穴からは五代目團十郎の源八兵衛広綱が着流しの上に烏帽子《えぼし》・白張《しらはり》を引っかけ、長柄《ながえ》の傘をかつぎ、大あぐらの姿でせり上がってきた。常磐津連中の出語《でがた》り[2]による所作事《しょさごと》で、番付には常磐津兼太夫と岸沢式佐の姿が描かれている。

寛政三年（一七九一）十一月、市村座の顔見世で、彼は十四歳の若さで六代目團十郎を襲名した。同時に父五代目は鰕蔵《えびぞう》と改名する。寛政八年（一七九六）に五代目が引退したため、十九歳の青年團十郎にかけられる期待はいよいよ大きく、責任も重かった。

これ以後、「暫」「荒獅子男之助《あらじしおとこのすけ》」「助六」と、團十郎として求められる家の芸の役々を勤め、そのつど厚意的に迎えられる。彼は「暫」を生涯に二度演じている。初暫《はつしばらく》は、十八歳の寛政七年の都座で熊井太郎の役、二度目は死の前年の中村座、篠塚伊賀守貞綱の役であった（図32）。

寛政七年（一七九五）七月、桐座で「妹背山婦女庭訓《いもせやまおんなていきん》」が上演された。この芝居で團十郎は生涯ただ一度の女形《おんながた》の役を勤めた。雛鳥《ひなどり》である。これがことの外の大当たりを取り、大で

32　「花三升芳野深雪」　六代目團十郎の篠塚伊賀守貞綱　歌川豊国　東京国立博物館

き大できと激賞された。評判記には、この次には「桂川」のお半をやったらいいと書き添えてある。

寛政十年（一七九八）十一月、六代目は中村座で初めての座頭《ざがしら》になる。「花三升芳野深雪《はなとみますよしののみゆき》」に篠塚伊賀守・えびじゃこの十実は亘《わたり》新左衛門・畑六郎左衛門・長崎二郎の四役を勤め、いずれも好評を博した。えびじゃこの十の役は寛政四年に鰕蔵（五代目團十郎）が初めて演じた役である。六代目は、父の時と同じく四代目岩井半四郎（三日月おせん）と共演、湯上がり姿のおせんを相手におかしみの濡事《ぬれごと》を見せた。この興行の時、劇界から引退していた父がスケとして出勤して息子の初座頭を祝う旨の口上を述べ、毎日自作の狂歌を一首ずつ披露したことは、「五代目」の章に記したところである。

寛政十一年（一七九九）二月、「大三浦伊達根引《おおみうらだてのねびき》」に荒獅子男之助を勤めた後、三月からは海老蔵（四代目團十郎）二十三回忌追善と銘打ち「助六《すけろく》 廓《くるわの》 花見時《はなみどき》」で初めて家の芸の助六を演じ、「大出来大入大々あたり」を取った（図33）。揚巻《あげまき》はやはり四代目岩井半四郎だった。四月には「仮名手本忠臣蔵」が出る。六代目は桃井若狭之助《もものいわかさのすけ》・大鷲文吾《おおわしぶんご》・寺岡平右衛門の三役を勤めていたが、三日目の四月十八日から風邪のために休演し、五月十三日に没してしまった。奇しくも三代目と同じ二十二歳の若さであった。

病床にあった五月十日、六代目は「こはいかに折れし三升の菖蒲太刀」の句を詠んだ。いよいよこれからという時に挫折した彼の無念やるかたない心情が、この一句にこめられている。

六代目は、若くて花のある美男役者だったらしく、一目その素顔が見たいというので娘たちが楽屋口で帰りを待っていたとも伝える。江戸時代のおっかけである。六代目の似顔を見ると、鼻筋の通った高い鼻と眉毛の形に特徴があり、父の五代目譲りの愛嬌のある風貌だったと想像される。

人気も沸騰し、周囲から期待されながらの突然の死を惜しみ、『市川團十郎極楽実記』（柏

33　六代目團十郎の助六　歌川豊国　ギメ美術館

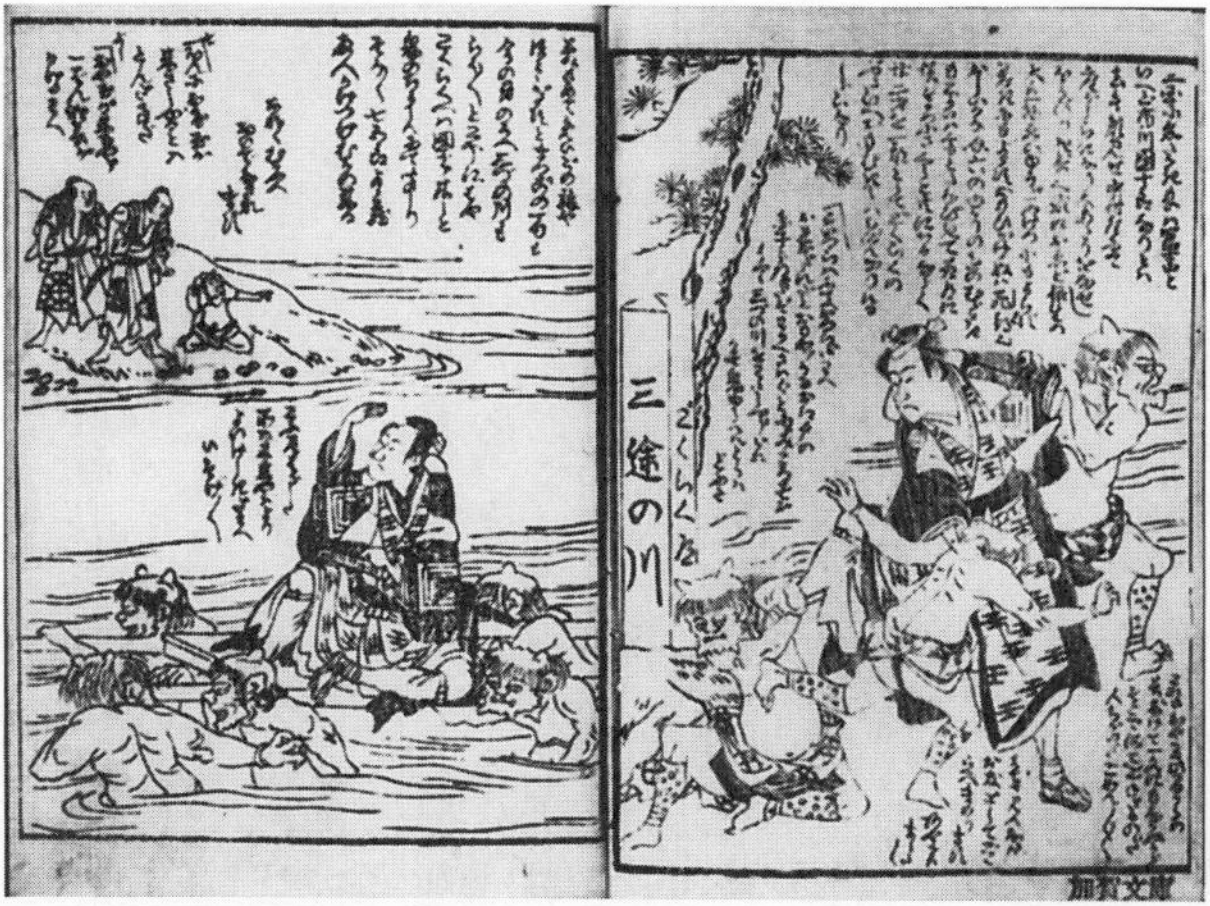

34　『市川團十郎極楽実記』より　東京都立中央図書館加賀文庫

満多山人作、歌川豊丸画）という小冊子が作られた。鬼たちの担《かつ》ぐ板に乗り、三《さん》途《ず》の川を渡ってはるばると彼岸《ひがん》の極楽へ行こうとする姿を、六代目の似顔で描いている（図34）。

追悼の意をこめた「死絵《しにえ》」も出版された。「一生を廿二年《はたふたとせ》にはかりつめ、後生《ごしょう》の道ゑ《（へ）》おしき三升《さんじょう》」の追悼句が添えてある。死絵は人気役者がなくなった時に、その死を惜しみ、追悼する目的で制作され販売された錦絵の一種で、生前の当たり役の扮装、最後の舞台になった役の姿、あるいは死装束《しにしょうぞく》姿、図34の絵本に描かれた図柄と同じように西方浄土《さいほうじょうど》の極楽芝居に向かって出発する旅中姿にするなど、さまざまな趣向を凝《こ》らしたものもある。多くは淡彩で刷ったもので、幕末に流行した。團十郎の死絵としては、この作がもっとも早いものである。

法名は皆誉自到本刹信士《かいよじとうほんさつしんじ》といい、芝増上寺の常照院に葬られた。

（1）四方赤良

大田南畝（一七四九〜一八二三）の狂歌名。蜀山人《しょくさんじん》の別号で知られる。江戸中期から後期にかけて幅広く活躍した江戸の代表的文化人。戯作、狂歌、狂詩などで著名。

（2）出語り図

この時代は常磐津や富本《とみもと》を地にした劇舞踊が盛んに行われた。鳥居清長《とりいきよなが》の描いた錦絵《にしきえ》にいわゆる「出語り図」がいくつもあるのは、その流行ぶりを物語っている。山台の上の太夫や三味線《しゃみせん》弾きも似顔で描かれている。これらの演奏者たちも人気があったことをうかがわせる。山台は義太夫・常磐津・富本・清元などの浄瑠璃演奏者が本舞台の上で坐る台。前面に主に山が描いてあるのでこの名がある。

七代目（一七九一〜一八五九）

波瀾に富んだ生涯

「勧進帳《かんじんちょう》」の初演者であり、「歌舞伎十八番」の制定者であることは、七代目團十郎の担った栄誉として、現代にも広く知られていることがらである。しかし、七代目の歩んだ人生は、けっしてはなやかで平坦な道ではなかった。

寛政の改革を境とする過渡的な時代に始まり、江戸庶民文化の爛熟《らんじゅく》期である文化・文政期（一八〇四〜三〇）に活躍し、天保の改革による対町人政策の犠牲となって江戸を追放されて転々と地方を流浪、弘化・嘉永・安政（一八四四〜六〇）にいたる幕末期に晩年を過ごした七代目の生涯は、じつに波瀾に富んだ六十九年間であった。早世した三・六・八代を除く各代の團十郎に比べて、七代目だけが飛び抜けて長寿だったわけではないのだが、われわれには彼の人生が格別に長かったような感じがする。それほど、七代目に関しては語るべきことが多い。七代目の多彩な人生は、彼の生きた時代のあわただしい変動の相に見合っていたということもできるだろう。

七代目は寛政三年（一七九一）四月に生まれ、幼名を小玉といった。五代目の孫に当たる。五代目は二人の実子を相次いで失ったため、次女すみの子の小玉を市川家の後継者にしたのである。もと同心だった父親は、役を辞して芝居茶屋を営んでいた。

四歳の寛政六年八月、新之助と名のって初舞台、同八年十一月河原崎座の顔見世《かおみせ》に、わずか六歳で初めての「暫《しばらく》」を演じた。寛政十一年（一七九九）五月に六代目が急逝したため、翌十二年十一月、市村座の顔見世で、にわかに七代目團十郎を襲名することになった。五代目の熱狂的な贔屓《ひいき》だった烏亭焉馬《うていえんば》は『團十郎七世嫡孫《しちせのまご》』を作り、新團十郎の誕生を祝福してやった。この時、七代目はわずか十歳だった。

文化三年（一八〇六）、祖父の五代目白猿《はくえん》が没し、十六歳の青年團十郎はいまや自力だけを頼りに、激しい劇界の荒波の中に投げ出された。これから彼の苦難の道が始まる。二十歳に満たぬ役者に芸の実力を求めるのは初めから無理な話だが、世間は團十郎の名跡《みようせき》ゆえにそれを求め、七代目はこれに応《こた》えねばならなかったのである。しかし、江戸の歌舞伎贔屓の主流は、團十郎贔屓であった。その熱烈な後援に支えられて、青年團十郎はたくましく育っていく。

並み居る名優たちと

文化八年（一八一一）二月、二十一歳で初役の「助六」を演じたが、この時の豪華な雰囲

35 「助六由縁江戸桜」 五代目松本幸四郎の意休・七代目團十郎の助六・五代目岩井半四郎の揚巻　歌川豊国　江戸東京博物館

気と贔屓の熱狂的な後援の有り様は、後々まで語り種《ぐさ》となる。この「助六由縁江戸桜《すけろくゆかりのえどざくら》」は、四代目の三十七回忌・五代目の七回忌・六代目の十三回忌と各代の團十郎の年忌と銘打った上演であった。七代目は、いやおうなしに代々の團十郎が築いてきた伝統の重みを自覚しないではいられなかっただろう。顔触れがまた凄かった。五代目松本幸四郎（鼻高幸四郎）の意休《いきゅう》、眼《め》千両《せんりょう》・大太夫《おおたゆう》と謳《うた》われた五代目岩井半四郎の揚巻《あげまき》、和事《わごと》・実事《じつごと》の名人三代目坂東三津五郎《みつごろう》の白酒売りというのだから、これ以上豪華な舞台は他にあるまい（図35）。衣裳・小道具に大金をかけて絢爛《けんらん》かつ贅沢《ぜいたく》なものを使い、幕府の弾圧政策に対する反体制の意気を示した。吉原の連中三百余人が柿色と白色の手拭いをかぶり、三升《みます》の人模様を作って見物したと言う。その華美がしのばれる。

　その後、「暫」「鳴神《なるかみ》」「毛抜《けぬき》」「不動」など、

36　お名残口上　三代目尾上菊五郎と七代目團十郎　歌川国安　国立劇場

家の芸の荒事《あらごと》を次々と上演する一方、時代物・世話物と幅の広い役々をこなし、しだいに役者としての実力を身につけていく。

文化・文政期には、五代目幸四郎・五代目半四郎・三代目三津五郎・三代目尾上菊五郎といった個性的な役者たちがいて、たがいに腕を競っていた。こうした豪華な顔触れに交じって、最年少の七代目はおのずと芸を磨き、芸域を広げていく機会に恵まれていた。彼は荒事・実悪・色悪《いろあく》[1]・女形などあらゆる役柄を含む十役を早替わりで演じて好評を得たり（文化十二年「慙《はじ》紅葉汗顔見勢《もみじあせのかおみせ》」）[2]、四代目鶴屋南北の狂言で強烈な個性を発揮したりして、まさに万能選手のごとき縦横の活躍をしたのである。

図36は、文政八年七月「忠臣蔵」と「東海道四谷怪談」の上演を終えて、年度の途中で上坂するという三代目尾上菊五郎のために、七代目が並んで口上を言ってやっている摺物《すりもの》である。菊五郎はお名残《なごり》として、得意の由良之助《ゆらのすけ》・勘平・となせの三役を勤めると言い、かねて念願の太宰府天満宮への参詣のために年度の途中で抜けるのだと弁解してやっている。七代目にとって、菊五郎はよきライバルだった。

南北の生世話《きぜわ》と團十郎の色悪《いろあく》

文化・文政期の江戸文化は爛熟・頽廃《たいはい》期と言われる。たしかに江戸の文化は、それ以前とは色調が変化してきて、爛《ただ》れるような熟成の時を迎えた。いわゆる大御所《おおごしょ》時代である。文化を享受する層の裾野が広がり、社会の下層に属する人々も文化を楽しむことができるようになった。日常の生活ではきびきびしてスピーディな行動が好まれ、風俗はいよいよ派手になった。歌舞伎にもはっきりとした変化が現れてくる。

鶴屋南北が得意とした狂言の仕組《しぐ》みは世話物であるが、従来のそれのように侠客《きょうかく》・相撲取り・町人などを主人公にして合理的に仕組んだ狂言と違い、社会の最下層でしたたかに生きていた男女を主人公にした仕組みになっていた。しかも、「綯《な》い交《ま》ぜ」の方法で周知のいくつもの筋を複雑に絡《から》み合わせ、あるいは突然に亡霊の出現する非日常的な場面を仕組み、それを写実に見せるためにカラクリの技術を開発・駆使するといった奇抜で斬新《ざんしん》な手法を用いて、この時代の人気を集めた。南北一流の生世話の仕組みがこれである。「生《き》」は「生粋《きっすい》の」「純粋な」という意味の言葉であり、従来の世話の概念では捉えきれない新しさを表現している。南北の狂言は、既成の封建的倫理や道徳に対して反逆する猥褻《わいせつ》な場面や、残酷な局面を刺激的に描き出している。「東海道四谷怪談」はその代表作である。

七代目團十郎は、市川家の荒事とは対極にある生世話の悪人の役をも巧みに演じた。「桜《さくら》姫東文章《ひめあずまぶんしょう》」の清玄《せいげん》と釣鐘権助《つりがねごんすけ》、「色彩間苅豆《いろもようちょっとかりまめ》」の与右衛門、「東海道四谷怪談」の民谷《たみや》伊

37　五代目松本幸四郎の六部・七代目團十郎の保昌・三代目坂東三津五郎の渡辺綱　歌川豊国　国立劇場

右衛門などは格別の傑作と言ってよく、七代目の個性と芸風をみごとに生かした舞台であった。「色悪」という役どころは七代目によって南北劇の中で確立を見た。もっとも、これらも、幸四郎・半四郎・三津五郎・菊五郎らとの共演、鬼才と讃《たた》えられた南北の作劇が彼の芸を開花させたのであることを忘れてはならない。

変化する歌舞伎の演出

図37は、「だんまり」[3]の場面である。「だんまり」の様式は、安永（一七七二〜八一）ころから顔見世狂言の中で演じられることが固定し、寛政時代（一七八九〜一八〇一）の末期から盛んに行われるようになった。一座の花形役者が顔をそろえる「だんまり」は、じつに豪華な場面であり、見物を沸かせた。それ以前の「暫」に代わり、これが新時代の顔見世の慣習になった。

文化・文政期の江戸歌舞伎の一つの特色に、一人の役者がいくつもの役を兼ねて、さまざまの役柄の人物を早替わりで演じ分けるのを喜ぶ傾向があげられる。七代目は、文化十二年七月河原崎座の「慙紅葉汗顔見勢《はじもみじあせのかおみせ》」に、外記《げき》・政岡・仁木《にっき》・男之助《おとこのすけ》・道哲・与右衛門・累《かさね》・頼兼・勝元・高尾の十役を演じたほか、文政二年四月にも、「仮名手本忠臣蔵」に、塩冶《えんや》判官・桃井《もものい》若狭《わかさ》之助《のすけ》・勘平・定九郎《さだくろう》・由良之助・戸無瀬《となせ》・天川屋義平の七役を早替わりで演じた。こうした傾向は、舞踊の分野における変化《へんげ》舞踊の流行と軌を一にするもので、たとえば七変化・九変化・十二変化などと、踊り分ける数の多さを競い合うことも行われた。七代目は舞踊の面にも才能を示し、有名な「近江のお兼」（團十郎娘）を含む八変化（文化十年六月「閏茲姿八景《またここにすがたはっけい》」）などを披露している。

七代目の「博多《はかた》小女郎波枕《こじょろうなみまくら》」（毛剃《けぞり》）は、長崎土産の舶来の珍しい道具類を舞台に持ち出したことで名高いが、元船《もとぶね》での大見得で、九代目が両手を腰に当てて海上を見込む「潮見《しおみ》の見得」に改める以前の、大まさかりを振り上げて見込む古風な形で、その絵も残されている。

天保三年（一八三二）三月、市村座で「助六」を演じ、この舞台で、息子の海老蔵《えびぞう》に八代目團十郎を襲名させ自分は海老蔵になる旨の口上を述べた。四十二歳だった。この時、七代目が歌舞伎十八番制定を公表したことの意義については、次章（「歌舞伎十八番」）に述べる。

「勧進帳」初演

天保三年に歌舞伎十八番の制定を公表した時、「勧進帳」の名目が加えられていた。しかし、この時に現代歌舞伎の代表的な演目の一つになった「勧進帳」が存在していたわけではない。七代目が選んだのは、初代團十郎以来主要な荒事の役の一つとして、さまざまに趣向を変えながら伝わってきた「弁慶」だった。「筆初《ふではじめ》勧進帳」「御摂《ごひいき》勧進帳」などに仕組まれている。七代目はこの中心趣向である「弁慶が勧進帳を読んで関所を通る」ことを、取りあえず十八番の中に入れておいたのである。

だが、七代目は古風な荒事だけの「弁慶」には飽き足りなかったようである。彼は歌舞伎十八番の制定を公表した後に、「矢の根」「鳴神」「嫐《うわなり》」を上演するに際して、「十八番之内」であることを謳《うた》っている。しかるに、天保十年（一八三九）九月河原崎座の「義経千本桜」に権太、忠信とともに弁慶を勤め、大序《だいじょ》の切《きり》に自身の工夫で、[4]「芋洗いの弁慶」の大荒事を演じているにもかかわらず、これを「十八番」とは関係づけていない。「芋洗いの弁慶」は「四代目」の章（92頁）に述べたとおり「御摂勧進帳」（初代桜田治助作）の中の趣向の一つで好評を得たものだった。「御摂勧進帳」にはむろん偽りの勧進帳を読む趣向も含まれていた。七代目はしかし、この「芋洗いの弁慶」の荒事を、「十八番」に入れるべき「勧進帳」とは別と考えていたことがうかがえる。だから、この部分だけを取り出して一番の離れ狂言に仕立て、「十八番之内」と銘打って上演することをしなかったのである。そうしておいて、翌天保十一年（一八四〇）三月河原崎座において「元祖市川團十郎才牛百九十年之寿歌舞妓十八番之内」と麗々しく銘打った「勧進帳」を初演するのである。

歌舞伎十八番を公表した天保三年の段階で、七代目には謡曲「安宅《あたか》」をほとんどそのまま利用する構成の「勧進帳」構想は固まっていたのかもしれない。彼は初演に当たっての口上に、次のように述べている。

私先祖より伝　来《つたえきたり》候歌舞妓十八番之内、安宅の関弁慶勧進帳之儀は、元祖市川團十郎才牛初而《はじめて》相勤、二代目團十郎栢莚迄は相勤候得共《そうらえども》、其後打絶《うちたえ》候故、私多年右之狂言心掛、種々古き書物等取集相調　候　処《しらべそうろうところ》、此節漸々　調　候《ととのいそうろう》に付、幸ひ元祖才牛儀当年迄百九十年に及候間、代々相続之寿二百年の賀取越《とりこし》として右勧進帳之狂言相勤申候

初代、二代目の團十郎が演じていた「安宅の関弁慶勧進帳」はその後絶えてしまっていた。私は多年この狂言のことを心にかけて、いろいろと古い書物などを蒐集し調査していたところ、この程やっと調べがついたので、初代の百九十年忌を記念してこの古風な狂言を復活してお目にかける、というのである。

七代目は「筆初勧進帳」や「御摂勧進帳」を完全に無視してしまっている。そして、この狂言は初代、二代目まで伝承されていたものの復活であると高唱したのだ。地が長唄であることについては、「本来のものは外記節《げきぶし》ようのものであり、あまり古代になるので、私の幼年よりの朋友の杵屋《きねや》六三郎の一世一代として、このたび新しく作曲させました」と断っている。あくまでも初代・二代目時代の古い狂言を徹底調査しての復活上演であることを標榜《ひょうぼう》していたことは明らかである。このあたりに、七代目團十郎による「勧進帳」上演と歌舞伎十

38　勧進帳（七代目の弁慶と八代目の富樫）　歌川豊国（三代）　個人蔵（写真提供　岐阜県博物館）

八番制定の意図とは一体になっていたことを確認することができる。

「勧進帳」は歌舞伎では初めて謡曲をほとんどそのまま利用した台帳（三代目並木五瓶作）であり、松羽目《まつばめ》の道具の嚆矢《こうし》でもあった（図38）。しかし、講釈の「山伏《やまぶし》問答」を取り入れることで富樫《とがし》と弁慶との対立を際立たせた。原拠の「安宅《あたか》」では祝詞《のっと》の中にあった、修験道に役行者《えんのぎょうじゃ》の言葉として知られる呪言（『ゑんの行者絵巻』）も問答の位置に移し、二人の掛け合いで葛藤を盛り上げるようにと工夫を凝らした。問答の内容にいくらかの重複が生じたのはやむを得ない。問答を加えたことで、劇的な迫力が増したのは確かである。そして、能の「安宅」にあっては、シテの弁慶とその一行は宗教的

な精神的威圧と武力的な示威行動によって、終始ワキの富樫を圧倒して押し通るという構成だったのを、「勧進帳」は富樫の情味を強調し、義経と知りながら弁慶の忠義に感じて通してやるという解釈に変えていた。これは浄《じょう》瑠璃《るり》「殩静胎内捃《ふたりしずかたいないさぐり》」（近松門左衛門作）以来の近世的解釈を採用したのである。この結果、能ではワキだった富樫の役が格段によくなり、「早まり給ふな。番卒どものよしなき僻目《ひがめ》より、判官殿にもなき人を、疑へばこそかく折檻もし給ふなれ。今は疑ひ晴れ候。とくとく誘《いざな》ひ通られよ」と武士の情を示す見せ場もでき、富樫役は弁慶役者と対等の役者が演じる役になった。「勧進帳」が現行最大の人気狂言であることには、いくつかの理由が考えられるが、その中の大きな一つに富樫役の性根の変改があるのは間違いない。

七代目團十郎のもくろみは成功した。先輩の役者たちが次々と亡くなり、七代目の劇界第一人者の地位は自他ともに認めるところとなる。彼の人気はいよいよ高まった。

七代目は生涯にこの「勧進帳」を三回上演した。

江戸を追われて

天保十一年三月、「勧進帳」を初演した七代目（当時海老蔵）は、市川流宗家《そうけ》の権威を確立し、人気も絶頂であった。

しかし、天保の改革による弾圧は、劇界全体に対してはもちろん、七代目個人の上にも厳しく襲いかかってきた。遠山左衛門尉《さえもんのじょう》の進言によってかろうじて取りつぶしを免れた江戸三座は、辺鄙《へんぴ》の地であった浅草に強制移転を命じられた。天保十三年（一八四二）四月六日、南町奉行鳥居甲斐守《かいのかみ》から召喚された七代目は、手鎖《てぐさり》のうえ家主の預かりになり、さらに吟味の後、六月二十二日にいたって江戸十里四方追放の刑に処せられた。改革の趣旨に背き、身分不相応な奢侈《しやし》の生活を送り、舞台でも贅沢きわまりない道具を使っているというのが、追放の理由であった。江戸市民の憧憬《しようけい》の的であった七代目を処罰することのもたらすであろう絶大な効果をねらったものに違いなかった。

江戸を追われた七代目は、六月二十五日に出発し、成田屋七左衛門と改名して、とりあえず成田山新勝寺の延命院に寓居した。しかし、下総の領主堀田正睦が当時老中を務めていたこともあって、七代目の行状についての監督が格別に厳しかったらしく、いたたまれなくなった七代目は翌年二月に成田をたち、十二日ひそかに府中在の百草村松蓮禅寺に立ち寄り、さらに十四日には眼医伊達《だて》本益《ほんえき》を頼って行く。常照院からの送り手形を携えて行った。富士根方（静岡県）の伊達本益とは以前から親しい交際があったらしい。この時成田山新勝寺からも、七代目をよろしく頼むという内容の書簡が届けられている。ここに落ちついた七代目

39　七代目團十郎の書簡　個人蔵

は、久しぶりにのんびりとした日々を楽しんだと見えて、得意の書画を揮毫《きごう》した作品がたくさん遺されている。江戸の家族から留守中の出来事を知らせた書状もあり、その中には八代目から父に宛てた書簡もある。本益に恩義を感じた七代目は、赦免《しゃめん》されて江戸に帰ったのちも、しばしば手紙を送って交際を続け、新板《しんぱん》の浮世絵を贈ったり、江戸の芝居の様子を伝えたりしている。自身を「親どんぐり」、八代目を「どんぐり」と言い、本益を「いがぐり」とたがいにあだ名で呼び合う親密な仲で、手紙の中に描いた戯画のうちにも幕末江戸人の典型のような七代目のしゃれた素顔がうかがわれてほほえましい（図39）。なお、八代目は「団栗《どんぐり》」を俳名の一つとして使っていた。

この地で一、二ヵ月を過ごしたのち、伊勢古市《ふるいち》の芝居に出演し、やがて大坂に上った。以後は大坂に住んで、京との間を往復するとともに、大津、桑名など各地の芝居に出ていた。七代目が地方の芝居に出演する時は、市川海老蔵のほか、市川白猿、幡谷重蔵、成田屋七左衛門という名を使っている。

追放赦免

天保十四年（一八四三）七月、親戚総代の連名で上野門跡へ海老蔵赦免の嘆願書を差し出したが聞き入れられなかった。追放後七年目に当たる嘉永二年（一八四九）十二月二十六日、文恭院（前将軍家斉《いえなり》）の七回忌法事の一環として特赦が行われ、ようやく追放赦免の沙汰《さた》が出された。たまたま岐阜の芝居に出演していた海老蔵のもとに、翌三年正月十六日に江戸からすぐに帰るようにとの書状が届く。岐阜の興行主は、芝居は大入りで今急に七代目に抜けられてしまっては金方《きんかた》が困ると渋ったがやむなく、お名残《なごり》狂言として「寺子屋」の一幕を出し、二十二日まで勤めた後ただちに出立、帰途ちゃっかり名古屋の橘町芝居に「成田屋」の名で出演して稼いだ後、いったん大坂に戻り、二月二十九日に江戸へ到着した（『手前味噌』）。

三月十七日から河原崎座で御目見得狂言として上演したのが「難有御江戸景清《ありがたやおえどのかげきよ》」（岩戸の景清）である。江戸の芝居に自分が出ないために、これまでは暗闇だったが、今お許しを得て自分が復帰したことで、ふたたび夜が明けたように光明を取り戻したという心を表した仕組みだった。相変わらずたいへんな自負の表明であった。

旅する團十郎

初代は京都、二代目・三代目は大坂に上ったが、四代目は生涯一度も江戸を離れなかった。五代目は寛政三、五、七、九年と四度にわたって甲府に行き、亀屋座に出演して「景清」「助六」「毛抜《けぬき》」などを演じた（『峡中芝居記録』）。團十郎が三都以外の土地で旅興行に出演したのは五代目が最初である。

江戸の役者は座元（太夫元）と一年契約を結ぶ慣例だったから、原則的に公の旅興行は許されなかった。そこで、劇場が火災にあって興行できない空白期間を利用したり、土用休みに湯治《とうじ》と称してじつは旅に出たのである。

幕末期になると、座元の役者管理が以前ほど厳しくなくなったことや、頻発する火災焼失や江戸の芝居興行の不振が原因で、役者の地方出稼ぎが頻繁《ひんぱん》に行われるようになり、見兼ねた幕府から旅芝居の予定をあらかじめ番所へ届け出て許可を求めるよう通達が出たほどである。「團十郎は江戸の花、旅他国へは出しませぬ」（文政十三年『役者始開暦《やくしゃはつごよみ》』）という排他的な江戸ッ子意識に反抗するように、七代目は江戸の地を離れることが多かった。江戸追放という特別の事情もあったが、名古屋・上方はむろんのこと、遠く博多・長崎の地にまで、その足跡を残した。旅する團十郎として異色であった。そのことは、江戸が開かれた都市になり、地方との交流が盛んになった時代相とも関係がある。十返舎一九《じっぺんしゃいっく》の『東海道中《とうかいどうちゅう》膝栗《ひざくり》毛《げ》』が人気を呼び、北斎《ほくさい》や広重《ひろしげ》の風景画がもてはやされるようになる時代であった。

七代目は江戸追放の前後四度にわたって、旅に出て上方に上っている。

最初は文政十二年（一八二九）で、五月に大坂の市川桝之助座（中《なか》の芝居）に市川白猿の名で出勤したのを皮切りに、堺、京、伊勢の芝居にも出て、その翌年江戸へ帰った。八月の

40　「助六由縁江戸桜」　市川白猿（七代目）の助六・三代目中村歌右衛門の白酒売り　五柳亭重春　阪急学園池田文庫

「伊達競《だてくらべ》」に、仁木・道哲・男之助・八汐・谷蔵・頼兼・勝元の七役を演じ、好評を博した。翌年三月中村額之助座（角《かど》の芝居）では自慢の「助六由縁江戸桜」を演じる。意休は大坂に上っていた五代目幸四郎、白酒売りを大坂で人気抜群の三代目中村歌右衛門が付き合った（図40）。豪華な顔ぶれである。江戸からも助六に贈り物が届けられたという。上方役者にはないユニークな芸風がもてはやされ、大好評を得た。この時の上坂について表向きの理由は、高野山に参詣するというものだった。彼は四月十五日高野山に詣で、市川家先祖の墓碑を建立した。「市川流」の顕彰と家の権威の確立を志した、いかにも七代目らしい行為であった。

この時の七代目の旅につき、天保二年正月刊『役者大福帳』は「極上々吉　市川團十郎」を惣巻頭《そうかんとう》に据え、その評文に、次のように紹介した。

[頭取]江戸表の吉例評判記巻頭市川三升丈、去年三月廿一日江戸表大火にて三芝居類焼いた

し、普請中《ふしんちゅう》余日もあることゆへ兼而《かねて》信《(心)》願これあり、廿五日の夜江戸を立て下総国成田不動尊へ詣《まいり》、それより信州善光寺より戸かくしへ詣、紀州高野山へ先祖より代々の宝塔を立《たて》られ、かへるさに難波のちかしき人々をとむらひ、都見物いたされし所、余義なく引とめられ長逗留となり、堺より伊勢参宮をなし、北陸道へかゝり、越中富山よりめでたく八月中江戸表へ帰国いたされし所［顔役］コレ頭取、江戸の市川團十郎が旅他国をあるかれては、第一神田の明神さまや浅艸の観音さまへたいしてすまない［頭取］其《その》義はあなた方ばかりではござり升《ませ》ぬ、御ひゐき御連中がたも御立腹ではござり升《ます》れど、元祖市川團十郎は芸道修行の為に京大坂の芝居三ケ年つとめ、椎ケ本才麿の門に入て才牛《さいぎゅう》と申て、これ役者俳名のはじめにして、二代め栢莚、一子徳弁《とくべん》則三代め團十郎同道にてのぼられました例もござり升れば、御用捨くだされまし（仮に句読点を付けた）。

七代目が旅興行に出かけたことに対して、頭取が一々名目を付け、先例を引いてくどくどと釈明に努めているのがわかる。七代目の旅を批判的に見ている江戸の人が大勢いたらしいことが察せられる記述になっている。

二度目の上坂は天保五年（一八三四）二月、江戸の大火で三座がすべて焼失した時のことである。江戸の役者たちは争って名古屋、上方の旅に出て行った。團十郎は、大坂から下関、博多、長崎と九州の地まで足を伸ばして興行をしている。長崎の聖福寺には、天保六年二月十九日に建てた約四メートルの石の供養碑がある。これには「供養先祖祈子孫蕃育」の文字と、背面に市川海老蔵、市川團十郎の名が並べて刻んである。

この年、三代目菊五郎も旅に出て桑名で興行、十月に三州吉田宿を通って信州の飯田から一里半ほど天竜川に沿って下った川路村（飯田市川路）に乗り込み、十日間の興行を打っている。狂言は得意の「天竺《てんじく》徳兵衛」と「忠臣蔵」であった。川路村は天領で、政令も比較的放漫で負担が軽く、富裕な農家が多かった。土地の名家である関島起一氏（この人は、江戸四谷の尾州屋敷に仕え、金座の後藤三右衛門と従兄弟であった）の肝入りで、江戸の名優たちの旅興行が実現したものらしい。天保年間に間口十四間、奥行十五間という堂々たる劇場を建築したと言う。

三度目の上坂は、天保の改革により江戸追放を命じられた時である。天保十三年八月初旬、七代目（当時海老蔵）はこの川路村の劇場を訪れ、十一日間の興行をした。狂言は「菅原」の通しと中幕《なかまく》に「扇谷熊谷」、二の替りは「忠臣蔵」の通しに「蓮生物語《れんしようものがたり》」を中幕としたものであったらしい。海老蔵がこの興行中に勤めた役々を散らし書きにした遺墨が残っており、そこに扇谷熊谷・松王丸・大星由良之助《ゆらのすけ》・寺岡平右衛門・定九郎《さだくろう》・若狭之助《わかさのすけ》・蓮生坊の役名が記されている。番付が残っていないため同行の役者はわからない。この時の「芝居諸入用帳《にゆうようちよう》」の中に、役者の給金として三百両が計上され、海老蔵が二百両、他の惣座中が百両と見えている。

七代目は関島家滞在中、短冊・扇面・半切《はんせつ》などに書画を揮毫し、天竜川を望む庭の茶室を愛して過ごしたという。よほどここの暮らしが気に入ったと見え、三猿にかけて洒落《しやれ》て「何ひとついわれざる自在、野暮《やぼ》はきかざる、不風流はみざる、うれしきばかり」と書き記している。

最後は嘉永五年（一八五二）冬から安政五年（一八五八）までの期間で、その途中に八代目の死に遭遇する（後述）。七代目團十郎は、自由気ままな暮らしが許されない江戸を離れて、旅に出ることがよほど好きだったように思われる。

旅の中では災難に遭ったこともあるらしい。旅から江戸に戻る帰り道、中山道を通った七代目（当時海老蔵）が雲助たちに後をつけられて落合宿（岐阜県中津川市）の旅籠《はたご》屋上田豊蔵に助けを求める。年寄役を勤めていた豊蔵は本陣の井口家と相談の上、二人の付け人を添えて、神坂《みさか》峠から信州伊那路の方へ逃してやった。無事に江戸に帰着した七代目は、後にていねいな礼状と品物を贈って感謝したと言う。現在上田家には二通の書簡が伝わっている。それがいつのことだったかについての明証はない。これを紹介した北小路健氏は科《とが》を許されて江戸へ帰った嘉永三年（一八五〇）の時のことだろうと推察された（『木曾路文献の旅』）。このことについては、岩佐伸一氏の「岐阜いなば芝居と七代目市川団十郎」（「七代目団十郎と国貞、国芳」展図録、二〇〇一年九月刊　岐阜県博物館）にも記述がある。

晩年の海老蔵

いつの時代も、人気は移ろいやすく変わりやすいものである。足かけ九年にわたって江戸を留守にした間に、江戸人の人気は若くて美貌の八代目團十郎に集中しており、さすがの七

41　「勧進帳」　七代目團十郎（海老蔵）の弁慶　成田山霊光館

代目もかなりの衝撃を受けたらしい。

艶福家で知られた七代目には二人の妻と三人の愛妾があり、当時江戸の木場の自宅には後妻のすみと二人の愛妾（さと・ため）が同居していたので、家庭内のもめごとが絶えなかった。この三人はそれぞれ、八代目團十郎、市川白猿、九代目團十郎・猿蔵・幸蔵・海老蔵の母親であるから、子どもがからむ複雑な愛憎が渦巻いて七代目を苦しめた。さらに追放中の出費と大世帯のための借財などが募り、生活も苦しかった。七男五女をもうけ「寿海老人子福者」と気取って楽天的に見せてはいたものの、晩年の生活はけっして幸せではなかったと思われる。

嘉永五年（一八五二）九月河原崎座で、一世一代の名残《なごり》として「勧進帳」の弁慶を演じた。この時、剃髪《ていはつ》して、口上の舞台で鬘《かつら》を取って坊主頭を見せたと言う（図41）。江戸を離れる決心をした七代目は、嘉永五年の暮れに江戸をたち、翌年正月には大坂の角《かど》の芝居へ出た（前述の最後の上坂）。それ以後、大坂と京都を中心として、堺、名古屋、宮島、伊勢、兵庫など転々と各地の芝居に出演している。その間、嘉永七年（一八五四）八月に、江戸から呼び寄せた八代目が大坂の宿で自殺するという不幸に見舞われた（「八代目」の章参照）。安政五年（一八五八）五月、六年目に江戸に帰って市村座に出、翌六年は中村座に出演して「根元草摺引《こんげんくさずりびき》」の曾我五郎を演じたのを最後に、三月二十三日波瀾に富んだ生涯を閉じた。六十九歳であった。

法名を徳誉《とくよ》恢郭子《かいかくし》儀善法子《ぎぜんほうし》と言い、芝の常照院に葬られた。

七代目の死去を知らせる瓦版《かわらばん》が出た（安政六年三月）。口上のスタイルを採って作られた文中に、「九代目の團十郎がまだできないのが心残りだ。河原崎権十郎《かわらさきごんじゅうろう》に九代目を継がせたいのでよろしく」という意味のことばが見えている。権十郎の九代目襲名（明治七年に実現した）が、すでにこの時期に期待され、世間で取沙汰されていたことを察することができる。図43は、七代目の死絵《しにえ》で、七代目の遺影に焼香する初代河原崎権十郎（後の九代目團十郎）と鼻をかむ弟の市川猿蔵。この二人は七代目と妾ための間に生まれた実子である。

一見自由奔放、豪放磊落《ごうほうらいらく》で、気の向くままに行動したように思われ、従来そう理解されてきた七代目であるが、本当の人柄は意外に小心で、几帳面《きちょうめん》なところもあり、かなり神経質で、生真面目な一面を持っていたように思われる節がある。彼ほど個人的な手紙をたくさん書き残した役者は珍しいが、それらを見ると、いずれも非常に長文の手紙で、こと細かに身辺の事がらを記している。洒落っ気に富み、たとえば平仮名の「め」の代わりには必ず眼玉《めだま》の絵を描く（七代目の眼は格別大きく、これをトレードマークにして、みずから「眼玉」の号を使っていた）など、つねに遊びの気分が横溢《おういつ》しているのは、江戸人気質の代表選手と呼ぶにふさわしい。書画は、すぐれたものである。文才に富んでいた七代目は、俳名・別号を、三升、白猿、夜雨庵《やうあん》、二九亭《にくてい》、寿海老人、子福者（子福長者とも）などと称し、狂歌、狂文、俳諧に才能を発揮している。ほとんどが五柳亭徳升《ごりゆうていとくしよう》の代作であるが、合巻《ごうかん》（長編の絵草紙）作者にも擬[5]されている。佐藤悟氏の調査によると、七代目團十郎作と標榜《ひようぼう》した合巻は文化十一年刊『封文不解庚申《ふうじぶみとけぬこうしん》』に始まり、天保八年刊『裏表忠臣蔵』に至る合計四十五種が知られている。文化期のもの五種、文政期のもの三十三種、天保期のもの七種である。この時代には、人気のある役者名義の合巻がかなり出版されているが、そのほとんどは戯作者《けさくしや》による代作である。読者はそのことをよく知っていて、購読して楽しんでいたようである。その中の『会席料理世《かいせきりようりせ》界《かい》も吉原《よしわら》』（文政八年）には八代目團十郎になる長男新之助を抱き上げている挿絵（歌川国安画）があり、また『浜真砂築池白浪《はまのまさごつきじのしらなみ》』（文政九年）にも團十郎・菊五郎とともに新之助の姿が描かれている（歌川国安画）。

旅に出ることの多かった七代目は『遠く見ます』『しもふさの身《み》旅喰《たびぐい》』『遊行《ゆぎよう》やまざる』『腰かけざる』などと題した旅行記および旅中の吟詠を板に刷り、知人に配っていた（図42）。いずれも本人の自筆を板下《はんした》にしたきわめて趣味的なもので、七代目の人柄がしのばれる遺作である。

（1）色悪

敵役に属する役どころの一つで、外見上は二枚目（白塗り）の悪人のこと。「色敵《いろがたき》」とも言う。好意

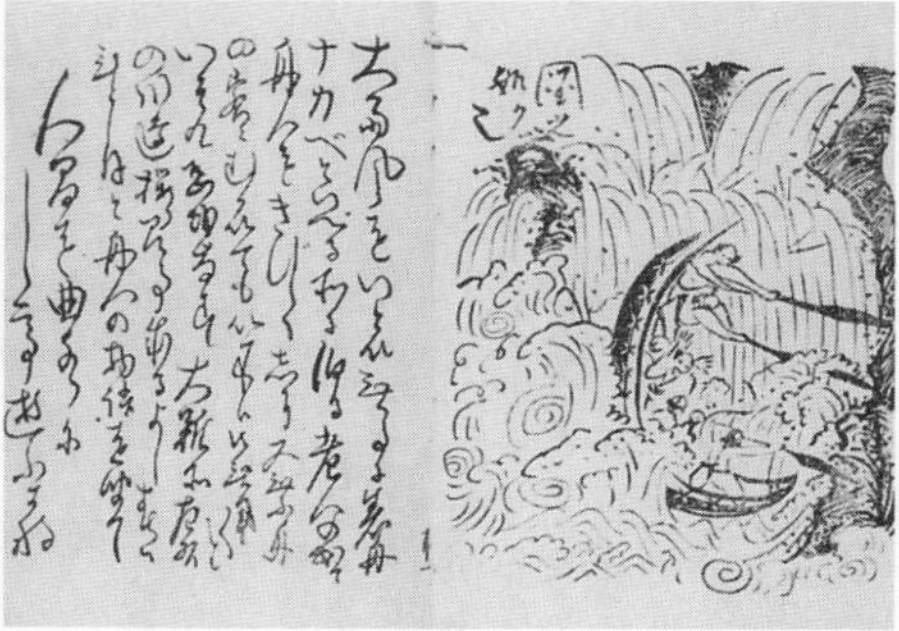

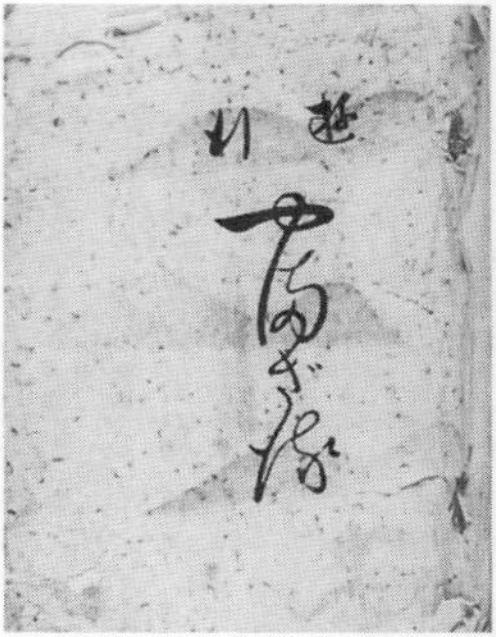

42　『遊行やまざる』より
国立劇場

43　七代目團十郎の死絵
国立歴史民俗博物館

を寄せる女性を裏切って、冷酷に悪事を働く。江戸時代後期に新しく発達した人物典型で、立役の役者が演じた。

（2）四代目鶴屋南北（一七五五〜一八二九）

文化元年（一八〇四）初代尾上松助と提携して「天竺徳兵衛《てんじくとくべえ》韓噺《いこくばなし》」の大成功を収めた勝俵蔵《かつひょうぞう》（後の四代目鶴屋南北）は世間から高い評価を受け、立作者《たてさくしゃ》の地位に上った。南北が没したのは文政十二年（一八二九）であり、その間足かけ二十五年間というもの、名実ともに江戸の狂言作者の第一人者として活躍しつづけた。文化・文政期を代表する名作者だった。

（3）だんまり

暗闇《くらやみ》という設定の場面に、さまざまな役柄の人物が登場し、互いに相手を探りながら、せりふなしで演じる様式性の高い無言劇のこと。「黙《だま》り」が訛ったもの。場面は深山幽谷にすることが多い。顔見世で、多数の大物俳優を同じ場面に登場させて芸を競わせたのが始まり。衣裳を披露する意味もあったため、それぞれの俳優が趣向を凝らした扮装で登場した。文化・文政期には世話狂言の中にも「だんまり」の場を入れることが始まったので、「時代だんまり」「世話だんまり」と区別するようになった。

（4）芋洗いの弁慶

この趣向は四代目團十郎が演じた「御摂勧進帳」の中にあった。軍兵たちの切首を大きな天水桶の中にほうり込み、交叉する棒を使って芋を洗うようにする豪快な演出が喜ばれたもの。その趣向を別の狂言に利用したのである。

（5）七代目名義の合巻

佐藤悟編『役者合巻集』（叢書江戸文庫・24、国書刊行会、一九九〇年刊）に、「役者名義合巻作品目録」が掲載されている。

歌舞伎十八番

「家の芸」の集大成

七代目團十郎が「市川流」の「歌舞妓狂言組十八番」の制定を公表したのは、天保三年(一八三二)三月の市村座で「助六」を演じ、息子海老蔵《えびぞう》に八代目團十郎を襲名させて自分は海老蔵と改名した時のことである。この時に配った摺物《すりもの》(図44)によると、「江戸市川流」と大書した下に、元祖の誕生から七代目の天保三年に及ぶまで百八十一年間(註―この摺物には、[1]初代誕生を慶安四年〈一六五一〉としている)、代々連綿として血統が絶えなかったのは、まったく成田不動の御利益《ごりやく》と大江戸の御贔屓《ごひいき》の御恵みによるものであることを強調して感謝している。その中に、初代は「筋隈之工夫荒事之根元《すじくまのくふうあらごとのこんげん》」、二代目は「続狂言武道《つづききょうげんぶどう》太刀打和事立役所作始《たちうちわごとたちやくしょさはじめ》」、三代目は「角鬘濡事丹前発ル《すみかずらぬれごとたんぜんはじめ》」、四代目は「実悪始《じつあくはじめ》」と、代々の團十郎が江戸歌舞伎史上に残した功績を書き連ねている。その表現を見ると、江戸歌舞伎を特色づける重要な演技術はすべて團十郎代々の創始にかかるかのように記されていることがわかる。七代目の唱えた「江戸市川流」とは、少なくとも彼の胸中においては、元禄の初代以来いつも江戸歌舞伎の中心的存在であった「市川團十郎」の名跡《みょうせき》の権威によって、「江戸歌舞伎流」と同意だったのは明白である。公表された「歌舞妓狂言組十八番」は、暫《しばらく》・七つ

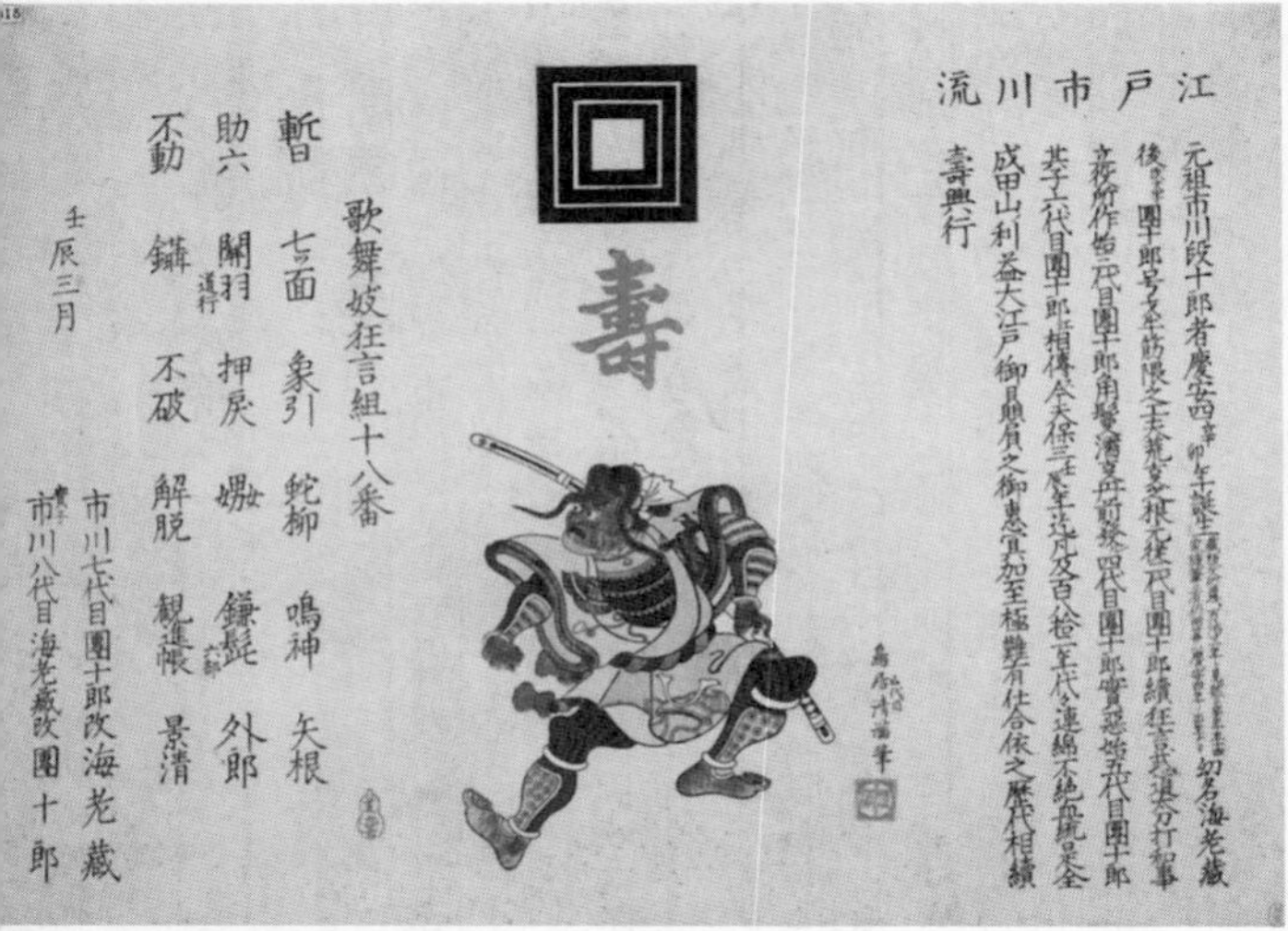

44　「歌舞妓狂言組十八番」制定の摺物　鳥居清満（二代）　ゲルハルト・シャック氏蔵

面《めん》・象引《ぞうひき》・蛇柳《じゃやなぎ》・鳴神《なるかみ》・矢の根・助六・関羽《かんう》道行《みちゆき》・押戻《おしもどし》・嫐《うわなり》・鎌髭《かまひげ》・外郎《ういろう》・不動・鑷《けぬき》(毛抜)・不破《ふわ》・解脱《げだつ》・勧進帳《かんじんちょう》・景清《かげきよ》であった。

ところで、「十八番」という数字をどこから考えついたのであろうか。幕末の狂言作者で、十八番の制定に参画したらしい三升屋《みますや》二三治《にそうじ》の『戯場書留』の記述によると、暫・鳴神・毛抜・助六・牢破《ろうやぶり》・矢之根・草摺《くさずり》・外郎・相撲・対面・無間《むけん》・帯引・五人男・清玄・草履打《ぞうりうち》・男達《おとこだて》・髪梳《かみすき》・不破名古屋を指して「十八番」と呼ぶ習わしが昔からあったと言う。他にまったくその記載を見ないから少々怪しい気もするが、確かめるすべのないまま、いちおうこれを認めておく。十八という数は、十二を超える名数としては古来おめでたい数とされ、仏典でも漢籍でも膨大な熟語を作っている。「十八公《じゅうはちこう》」「十八大通《だいつう》」「武芸十八般」「十八羅漢《らかん》」といった称は、江戸人の耳に親しかったはずである。歌舞伎十八番には、代々連綿として血統の絶えぬ「十八公」、松の栄えの意が寓されていたのかもしれない。[2]荒事師の重要な資格が若衆の十八歳と考えられる要素があり、これと無関係ではないのではないかという説も、郡司正勝氏によって提出されている。

家の権威の確立

歌舞伎十八番に含まれた狂言（厳密にいうと長い狂言の一場面や一局面を含む）は、いずれも初代・二代目・四代目によって初演されたものの中から選ばれている（付載の「初演一覧」を参照のこと）。七代目はどういう意図で、歌舞伎十八番を制定したのだろうか。数々の理由や背景が考えられるにしても、その基本となったのは、「江戸劇壇に占める市川團十郎の家」の伝統的権威を確定的なものにして、幼い八代目に継承させようとする七代目の並々ならぬ意欲であることに間違いはない。とくに八代目團十郎襲名の機会を選んで公表したことは、やはりそれなりの意図があってのことであろう。

時代は悠長な荒事よりも写実的な生世話《きぜわ》を喜ぶようになった。これまで江戸の顔見世になくてはならぬものとされてきた「暫」が世間から飽きられ始め、文政二年（一八一九）の

「助六」がライバルの三代目尾上菊五郎と互角の競演になるなど、團十郎代々の「家の芸」の権威がしだいに薄れてきているのを察知した七代目は、この時に当たってそれを公的に確認し、立て直しておかねばならぬと考えたのであろう。その志向が、あらゆる分野に復古主義の起こったこの時代の空気と合致した。七代目は、格別に先祖代々の伝統の重みを自覚させられる機会が多かった。彼が團十郎を襲名した寛政十二年（一八〇〇）、祝福をこめて贈られた書物の名は、『團十郎七世嫡孫《しちせのまご》』であった。この本の序文として、烏亭焉馬《うていえんば》が「暫」「景清」「鑷《けぬき》」「関羽」「不動」「六部《ろくぶ》」「荒獅子」「鏃《やのね》」「不破」「鳴神」「助六」「弁慶」「対面の工藤」を巧みに読みこんだ戯《け》作《さく》を草し、「市川流十八番」組の原型を暗示しているのは見のがせぬ事実である。

また、歌舞伎十八番制定を公表した最初の上演に、とくに「助六」を選んだことも象徴的である。すでに触れたが、彼が二十一歳で初役の「助六」を勤めた時は、四代目・五代目・六代目三代のそれぞれの回忌が重なった追善興行だった。歌舞伎十八番は、「暫」と「助六」を軸にして選ばれていったように、私には思われる。天保期（一八三〇〜四四）を過ぎるころになると、時代の大きな転換期だった寛政期（一七八九〜一八〇一）以前のおうようでゆったりとした大江戸の雰囲気を「過去のよき時代」として懐かしむ風潮が表面化してきた。文化・文政期（一八〇四〜三〇）には「そんなものはもう古い。今では」といって、見捨てられてきた「古風」が、ここへきてふたたび認められる傾向があった。七代目は劇界の故事に詳しい狂言作者三升屋二三治に依頼して、「家の芸」と呼ぶにもっともふさわしい狂言・局面・役などを、元禄の初代に遡って調べさせ、その中からあえて「古風」な十八種を選び出した。七代目の時代には、台帳もなく演出も絶えて、具体的な内容はわからなくなっていたと思われる「象引」や「七つ面」が含まれているのは、ことさらに「古風な狂言」を印象づけるための作為ではなかっただろうか。反面、「対面」の工藤と五郎、「草摺引」などは当然入ってもいいと思われるのに、なぜか選から洩れている。

七代目が「江戸市川流」という流派意識を押し出したことについては、傲慢《ごうまん》のそしりもあろうが、高野山に詣でて先祖の墓碑を建てたことでもわかるとおり、代々の團十郎の伝えた偉大な遺産をしっかりと守り、八代目以後に継承したいという、彼の責任感を認めるべきであろう。

彼は自筆の書画のほとんどに「七代目白猿」と署名し、瓢簞《ひょうたん》の中に「七代目」と記した印を使った。五代目も時として代を自署したが、これほど自分の代数を強く意識しつづけた團十郎は七代目が最初である。歌舞伎十八番制定と無関係のことではない。ついでにいえば、七代目の「二九亭《にくてい》」という別号も十八番制定を自負してのものであろう。七代目は、天保三年三月の「助六」以後、翌月の「寿根元矢根五郎」（矢の根）に「寿《ことぶき》十八番之内」、同五年三月大坂での「鳴神桜」に「歌舞妓狂言尽《づくし》拾八番之内」と銘打った。そして、同七年四月の「桜艶色鳴神《ゆめみぐさいろになるかみ》」（鳴神）、同八年三月の「花雲鐘入月《はなのくもかねにいるつき》」（娍）、同十一年「勧進帳」には、いずれも「歌舞妓十八番之内」であることを謳《うた》った。このように既成事実を重ねて「歌舞伎十八番」という呼称が一般に認知されることになったと言ってよい。

歌舞伎十八番初演一覧

名題	初演年月	原名題	初演者	初演劇場
不破《ふわ》	延宝八年（一六八〇）三月	遊女論《ゆうじょろん》	初代市川團十郎	市村座（江戸）
鳴神《なるかみ》	貞享元年（一六八四）一月	門松四天王《かどまつしてんのう》	初代市川團十郎	中村座（江戸）
暫《しばらく》	元禄十年（一六九七）一月	参会名護屋《さんかいなごや》	初代市川團十郎	中村座（江戸）
不動《ふどう》	同十年（一六九七）五月	兵根元曾我《つわものこんげんそが》	市川九蔵（二代目團十郎）	中村座（江戸）
嫐《うわなり》	同十二年（一六九九）七月	一心五界玉《いっしんごかいのたま》	初代市川團十郎	中村座（江戸）
象引《ぞうひき》	同十四年（一七〇一）一月	傾城王昭君《けいせいおうしょうくん》	初代市川團十郎	中村座（江戸）
勧進帳《かんじんちょう》	同十五年（一七〇二）二月	星合十二段《ほしあいじゅうにだん》	初代市川團十郎	中村座（江戸）
助六《すけろく》	正徳三年（一七一三）四月	花館愛護桜《はなやかたあいござくら》	二代目市川團十郎	山村座（江戸）
外郎売《ういろううり》	享保三年（一七一八）一月	若緑勢曾我《わかみどりいきおいそが》	二代目市川團十郎	森田座（江戸）
矢の根《やのね》	同五年（一七二〇）一月	楪根元曾我《ゆずりはこんげんそが》	二代目市川團十郎	森田座（江戸）
押戻《おしもどし》	同十二年（一七二七）三月	国性爺竹抜五郎《こくせんやたけぬきごろう》	二代目市川團十郎	中村座（江戸）
景清《かげきよ》	同十七年（一七三二）九月	大銀杏栄景清《おおいちょうさかえかげきよ》	二代目市川團十郎	中村座（江戸）
関羽《かんう》	元文二年（一七三七）十一月	閏月仁景清《うるうづきにんかげきよ》	二代目市川團十郎	河原崎座（江戸）
七つ面《ななつめん》	同五年（一七四〇）二月	姿観隅田川《すがたみすみだがわ》	二代目市川團十郎	市村座（江戸）
毛抜《けぬき》	寛保二年（一七四二）一月	雷神不動北山桜《なるかみふどうきたやまざくら》	二代目市川團十郎	佐渡島座（大坂）
解脱《げだつ》	宝暦十年（一七六〇）三月	曾我万年柱《そがまんねんばしら》	四代目市川團十郎	市村座（江戸）
蛇柳《じゃやなぎ》	同十三年（一七六三）五月	百千鳥大磯流通《ももちどりおおいそがよい》	四代目市川團十郎	中村座（江戸）
鎌髭《かまひげ》	安永三年（一七七四）四月	御誂染曾我雛形《おあつらえぞめそがのひながた》	四代目市川團十郎	中村座（江戸）

（1）初代團十郎の出生年

二代目團十郎が初代の二十七回忌に際して出版した『父の恩』（享保十五年跋）の中の「弔故才牛辞」の文中に「万治三年庚子和泉町にて才牛を生めり」と明記されている。信じてよい説である。ところが『宝永忠信物語』に「五十四さいにて息たへ」とある点から逆算すると、生年は慶安四年（一六五一）ということになる。山東京伝《さんとうきょうでん》の『近世奇跡考』はこれを引用して万治三年（一六六〇）の説を疑っている。七代目團十郎は、慶安四年出生説をとり、「市川流江戸歌舞妓狂言組十八番」の摺物にも、また一世一代の「勧進帳」の摺物にも、慶安四年の出生と記している。

大正時代に至り、伊原青々園《せいせいえん》が堀越家の文書を調査した際、初代自筆の二通の願文を発見した。その一通、元禄六年四月八日記には「予当年三十四歳」、いま一通の元禄九年四月八日記には「いかなれば世（余）は三十七に及」と年齢を明記していることから、逆算して万治三年と確定した。この考証は伊原青々園の『市川團十郎の代々』（大正六年刊）の中で行われた。

（2）十八歳の荒若衆

「暫」の主人公が述べるツラネの中に、次のような例がある。「渋谷の金王昌俊、年つもって十八歳」（宝暦六年、市川海老蔵）、「当年積もって四十八歳、四の字をのけて十八歳、何と皆様まだ若いぢゃござりませぬか」（天明八年、五代目團十郎）、「篠塚伊賀守貞綱、当年積もって十八歳、誠は二十市川の」（寛政十年、六代目團十郎）、「日本芝居風俗三升《みます》、当年積もって十八歳、誠の年は二十八、成田の不動がほんそう子」（文政元年、七代目團十郎）など。

「歌舞伎十八番」演目解説

暫（しばらく）

罪のない善男善女が悪人に捕らえられ、まさに皆殺しにされようとする危機一髪の時に、「しばらく〳〵」と大声をかけて現れた主人公が超人的な力で荒れて救う物語。江戸時代、江戸の顔見世《かおみせ》狂言に入れる約束になっていた局面を独立させたもの。現行の台本は、明治二十八年（一八九五）に九代目團十郎が演じた時のものが固定した。公家姿の悪人の役（ウケ）は清原武衡、主人公の役名は、鎌倉権五郎景政になっている。（図45・63・69）

七つ面（ななつめん）

面打《めんうち》の元興寺《がごぜ》赤右衛門が、並べてある面箱を次々に開けていくと、尉《じょう》、ひょっとこ（塩吹）、般若《はんにゃ》、姥《うば》、武悪《ぶあく》という五種の面が現れる趣向。面は全部二代目團十郎が早替りで見せたという。後に七種にして演じたこともあるのでこの名がある。明治二十六年（一八九三）十一月、九代目團十郎が福地桜痴《おうち》の脚本で「新七つ面」として上演、さらに昭和十一年（一九三六）に市川三升《さんしょう》が山崎紫紅《しこう》の補綴《ほてい》によって上演した。昭和五十八年（一九八三）一月、尾上松緑《しょうろく》が戸部銀作の脚本で復活上演している。

象引（ぞうひき）

蘇我入鹿《そがのいるか》が差し向けた大きな象を、藤原鎌足《かまたり》の家来山上源内左衛門が怪力で引き合った末、たくみに手なずけて曳《ひ》いて行くという筋。大正二年（一九一三）十月、二代目市川左團次上演の「象引」（平木白星作）、昭和八年（一九三三）十月市川三升が錦絵《にしきえ》をもとにして復活した作（山崎紫紅脚本）、昭和三十三年（一九五八）三月、前進座が復活した作（平田兼三郎脚本）、昭和五十七年（一九八二）一月、尾上松緑が演じた作（利倉幸一脚本）がある。（図46）

蛇柳（じゃやなぎ）

丹波の助太郎という愚か者に、失恋の末に死んだ娘の亡魂が乗り移り、嫉妬《しっと》の荒れを見せるといった内容だったらしい。蛇柳は高野山の麓にある柳で、弘法大師の功徳《くどく》によって千年の緑を保つとされた。女人禁制の寺ゆえに、男に捨てられた女の怨念がこもるのを蛇に通わせて生まれたという伝承を背景にしている。昭和二十二年（一九四七）五月、市川三升が復活した（川尻清潭《せいたん》脚本）。（図47）

鳴神（なるかみ）

滝壺に世界中の竜神を封じ込めて雨を降らせないようにした鳴神上人が、美しい女性の色香に惑わされて破戒堕落し、悪鬼となって荒れ狂う物語。能「一角仙人」の趣向を発展させた作品で、前半の濡事《ぬれごと》と後半の荒事《あらごと》との対照に特色がある。初代も演じているが、現行の復活台本は二代目が演じた「雷神不動北山桜《なるかみふどうきたやまざくら》」に含まれていたものを基にしている。明治四十三年（一九一〇）五月、二代目市川左團次が復活（岡鬼太郎補綴）した。

矢の根（やのね）

正月の曾我の里で、大きな砥石《といし》で矢の根を磨いていた曾我五郎の初夢に、兄十郎の生霊《いきりょう》が現れ、いま敵の館に捕らえられていると告げて助けを求める。驚いた五郎は四方の悪魔払いをした後、来合わせた裸馬に乗り、大根を鞭《むち》にして駆け出す。大薩摩《おおざつま》の浄瑠璃《じょうるり》を語っていた太夫が山台《やまだい》を降り、扇を年玉にして年礼に来る演出や、五郎が七福神に悪態《あくたい》をつくなど、理屈ぬきに洒落《しゃれ》た江戸の初春狂言。（図48）

助六（すけろく）

江戸吉原で全盛《ぜんせい》の花魁揚巻《おいらんあげまき》の愛人である侠客《きょうかく》花川戸の助六は、武士の髭《ひげ》の意休《いきゅう》と対立する。さんざんに悪態をついて喧嘩《けんか》をしかけて意休を怒らせ、刀を抜かせる。助六は曾我五郎の仮の姿で、源家の重宝友切丸《ともきりまる》の行方を詮議していたのである。江戸ッ子の代表のような美男子の助六と、意気地と張りを特徴とした吉原の遊女揚巻。悪所《あくしょ》を背景にして展開する大衆の祝祭劇。（図11・12・33・35・40・57・68・70）

関羽（かんう）
三河守範頼《のりより》が王位をうかがっていると覚《さと》った景清が張飛《ちょうひ》の姿で範頼の館へ忍び込むと、畠山重忠《しげただ》は関羽の姿で馬に乗って登場し、両雄が大活躍する筋。関羽は大髭、唐装束《からしょうぞく》、青竜刀を振り回しての荒事。江戸時代における異国趣味の趣向。昭和六十年（一九八五）一月、尾上松緑が復活上演（戸部銀作脚本）した。（図49）

押戻（おしもどし）
紅《べに》の筋隈《すじぐま》、鋲《びょう》打ちの胴着《どうぎ》、菱皮《ひしかわ》の鬘《かつら》、三本太刀《だち》など典型的な荒事師の扮装に、竹の子笠をかぶり簔《みの》を着て、太い青竹を手にして登場し、跳梁《ちょうりょう》する妖怪や怨霊《おんりょう》を花道から本舞台に押し戻す役とその局面。昭和九年（一九三四）四月、市川三升が復活上演（岡鬼太郎脚本）した。「鳴神」や「娘道成寺」の最後に、この役を登場させる演出も行われる。（図66）

嫐（うわなり）
藤壺《ふじつぼ》の怨霊による嫉妬《しっと》事《ごと》らしいが、その内容は伝わらない。昭和十一年（一九三六）四月、市川三升が山崎紫紅の脚本で復活、昭和六十一年（一九八六）一月、尾上松緑が戸部銀作の脚本で復活上演した。台本は伝わらないので、いずれも錦絵をヒントにした創作である。（図50）

鎌髭（かまひげ）
鍛治屋《かじや》の四郎兵衛じつは三保谷四郎《みほのやしろう》が、廻国の修行者快哲《かいてつ》じつは景清の首を髭剃《ひげそ》りに事よせて鎌で切ろうとするが、景清は不死身《ふじみ》のために切れないという筋。明治四十三年（一九一〇）三月、二代目市川段四郎と二代目市川猿之助によって復活（竹柴金作脚本）した。（図51）

外郎売（ういろううり）
曾我十郎（五郎にすることもある）が小田原の「透頂香《とうちんこう》」（外郎と通称する）という薬を売り歩く商人の扮装で現れ、この中国伝来の妙薬の由来や効能を、すらすらとよどみなく述べ立てる。雄弁術を聞かせるのが眼目の役と演技。大正十一年（一九二二）九月、七代目松本幸四郎が復活上演した作（平山晋吉脚本）と、昭和六十年十二代目團十郎が復活した作（野口達二脚本）とがある。（図52）

不動（ふどう）
不動明王尊像に扮して出現するだけの神霊事《しんれいごと》。江戸時代にはいろいろな狂言の大切《おおぎり》に組みこんで演じられていたが、現行のものは「雷神不動北山桜」を通して復活上演した時、その大切に入った作品。昭和四十二年（一九六七）一月、尾上松緑が上演（戸部銀作脚本）した。

別に、十二代目が「成田山分身不動」を復活上演した時（平成四年八月）に、新之助と二人で演じた不動がある。（図4下・17・21・23）

毛抜（けぬき）

お家の横領を企む悪人の奸計《かんけい》で姫は髪の逆立つ奇病になり、約束の婚姻が延引する。主人の使いで婚礼の催促にきた粂寺弾正《くめでらだんじょう》は、鉄製の毛抜が自然に立って踊ることから、天井に磁石があると見破り、悪人を退治して婚儀を成立させる。明治四十二年（一九〇九）九月、二代目市川左團次が復活（岡鬼太郎補綴）した。（図53）

不破（ふわ）

全盛の傾城葛城《けいせいかつらぎ》を自分のものにしようと、恋の達引《たてひき》をする不破伴左衛門と名古屋山三郎《さんざぶろう》とが「鞘当《さやあて》」をする物語。昭和八年（一九三三）一月、市川三升が復活した作（川尻清潭脚本）、昭和三十四年（一九五九）五月、前進座が復活した作（富田鉄之助脚本）がある。（図54）

解脱（げだつ）

嫉妬して男を追う人丸《ひとまる》姫が釣鐘の中に入る。悪七兵衛《あくしちびょうえ》景清の亡魂が娘の姿を借りて薄衣《うすぎぬ》をかぶって出現して恨みと迷いの振りの後に得脱《とくだつ》し、景清の姿になって消えるという筋だったらしい。大正三年（一九一四）一月に二代目市川左團次が復活した作（吉井勇脚本）と、昭和

45　暫（七代目の鎌倉権五郎景政）
ヴィクトリア・アルバート博物館

46　象引（初代の山上源内左衛門）　鳥居清峯　大英博物館

47　蛇柳（七代目の金剛空海と八代目の須賓僧都・見立絵）

48　矢の根（七代目の曾我五郎時宗・見立絵）

49　関羽道行（七代目の寿帝公関羽・見立絵）

50　嫐（七代目の照日の神子と八代目の横川の古聖・見立絵）

51　鎌髭（七代目の相馬の将門と八代目の俵藤太秀郷・見立絵）

52　外郎（八代目の虎屋東吉・見立絵）

54　不破（七代目の不破伴左衛門と八代目の名古屋山三・見立絵）

55　解脱（七代目の上総七兵衛景清・見立絵）

53　毛抜（四代目の粂寺弾正）　勝川春章　クラクフ国立美術館

45　歌川豊国（三代）
47～52、54、55　歌川豊国（三代）
国立国会図書館

七年（一九三二）十一月、市川三升が復活した作（山崎紫紅脚本）がある。（図55）

勧進帳（かんじんちょう）

兄頼朝《よりとも》と不和になり、山伏《やまぶし》姿に身をやつして奥州《おうしゅう》へ落ちる源義経が加賀国安宅《あたか》の関にさしかかるとき、関守の富樫左衛門《とがしのさえもん》に見とがめられる。弁慶は機転で偽りの勧進帳を読み、さらに主君を打擲《ちょうちゃく》する。弁慶の苦衷《くちゅう》を察した富樫は一行を通す。能の「安宅」をもとにして松羽目物として脚色した作（詳しくは128頁を参照）。（図38・41）

景清（かげきよ）

平家の侍悪七兵衛景清は鎌倉方に捕らえられ牢に入れられるが、豪勇を奮って堅固な牢を破って飛び出し、荒々しい大立ち回りを演じる。「牢破りの景清」とも言う。

八代目（一八二三～五四）

待ち望まれた後継者

わずか三十二歳でみずからの生命を絶った八代目團十郎の活躍期間は短く、團十郎としては三代目・六代目に次ぐ短命であった。しかし、彼の江戸歌舞伎界に占めた位置の大きさと、江戸市民が彼に寄せた熱狂的ともいえる人気の凄まじさは、三代目・六代目とは比べものにならないものがあった。

彼は七代目の長男として、文政六年（一八二三）十月五日に木場で生まれた。幼名を新之助といった。生まれてわずか一ヵ月余り、その冬の市村座の顔見世《かおみせ》に碓氷《うすい》貞光《さだみつ》一子荒童丸《あらどうまる》の役で早くも舞台に出た。翌年正月の役者評判記の子役の部に「上上吉　市川新之助」と名を載せられている。生まれたばかりの赤ん坊に「上上吉」は乱暴だが、それほど待ち望まれての七代目の後継者の誕生だったのである。五歳になった文政十年十一月、中村座の「金峯山《きんぶせん》艶色源氏《よそおいげんじ》」に、五代目松本幸四郎の懐に抱かれて登場したが、役名はなく、泣き出してしまった日は幸四郎が一人で出たと伝えている（伊原青々園《せいせいえん》『市川團十郎の代々』）。

七代目には子どもが多く、七男五女の父親となって「寿海老人子福者」と称したほどの大世帯であったことはすでに記したが、長男の八代目にかける家族の期待はきわめて大きかった（図56）。

文政八年十月、弟が生まれたので新之助の名を譲り、自身は六代目海老蔵を襲名、十歳の天保三年（一八三二）三月市村座で、父七代目が海老蔵と改名すると同時に、八代目團十郎を襲名した。例の「歌舞妓狂言組十八番」公表の摺物《すりもの》を配った時の興行である。「助六」の舞台で、彼は外郎売《ういろううり》を勤め、同年十一月河原崎座の顔見世で初役の「暫《しばらく》」を演じた。少年團十郎の前途はまさに洋々と開けていた。

芝居町の強制移転

天保（一八三〇～四四）の末年になり、江戸の興行界は危機的な時期を迎えることとなった。それは水野忠邦によって断行推進された天保の改革の一環としての弾圧である。天保十二年（一八四一）、老中首座に昇進した水野忠邦は有名な対町人の弾圧政策である天保の改革に着手した。それは衣・食・住すべての領域にわたり、都市の人々の消費生活の贅沢を徹底的に取り締まるものだった。歌舞伎の興行、人気役者の日常生活が最大のターゲットになったのは自然の成り行きと言える。

長期間にわたって江戸三座のある場所は一定して動くことがなかった。中村座は堺町、市村座は葺屋町《ふきやちょう》、森田座は木挽町《こびきちょう》五丁目だった。幕府は江戸市中のもっともはなやかな場所に、劇場とそれを中心に形成されている芝居町が存在することを嫌い、これらのすべてを一カ所に集結させ、大衆の日常から切り離すとともに、監視の目が届きやすくすることを考えていた。幕府は天保の改革に際し、江戸三座を強制的に移転させることに踏み切った。新しく芝居町に指定したのは、金龍山浅草寺の裏手に当たる小出信濃守の下屋敷があった土地である。下屋敷を移転させた跡地を整備し、ここに一大歓楽地の芝居町を作り出した。その時、江戸歌舞伎にとって由緒のある猿若《さるわか》勘三郎の名にちなみ、「猿若町《さるわかまち》」（「さるわかちょう」の読みも行われた）と命名した。天保十三年秋に一丁目の中村座と二丁目の市村座、翌十四年五月に河原崎座《かわらさきざ》（森田座の仮櫓《かりやぐら》）が移転を完了し、それぞれ猿若町の新劇場で興行を再開した。どの劇場も火災で焼失したのをきっかけに、経費を与えての強制移転だった。これ以後、明治五年（一八七二）に守田座（旧森田座）が都心に進出するまでの約三十年間を「猿若町時代」と呼んでいる。

56　八代目團十郎一家一門参会　歌川豊国（三代）
ヴィクトリア・アルバート博物館

　都心を遠く離れた辺鄙な場所に移された芝居と芝居町は、移転の当初はまるで火の消えたように閑散として淋しくなっていた

と言う。しかし、あまり時日を経ずして、観客は戻ってきた。そして、まもなく以前にも増す芝居町の賑わいを取り戻した。そして、江戸歌舞伎の最後を飾る猿若町時代の繁栄がもたらされたのである。

この時代の歌舞伎の中心になったのが、花の役者の八代目團十郎と初代坂東志《し》うかのコンビ、実《じつ》の役者の四代目市川小團次《こだんじ》らであった。八代目の抜群の人気が、猿若町の景気を回復させる原動力の一つになっていたことは間違いなかろう。

天保十五年三月十五日、猿若町一丁目の中村座は「姿花病鏡山《すがたのはなやよいのかがみやま》」で初日を開け、その二番目として「助六廓桃桜《くるわのももさくら》」を上演した。この年度は、中村勘三郎が南町奉行に召喚され、茶屋株証文書替増金の罪科で手鎖《てぐさり》の刑を命じられる不祥事件があり、十一月の顔見世興行と正月の春興行が

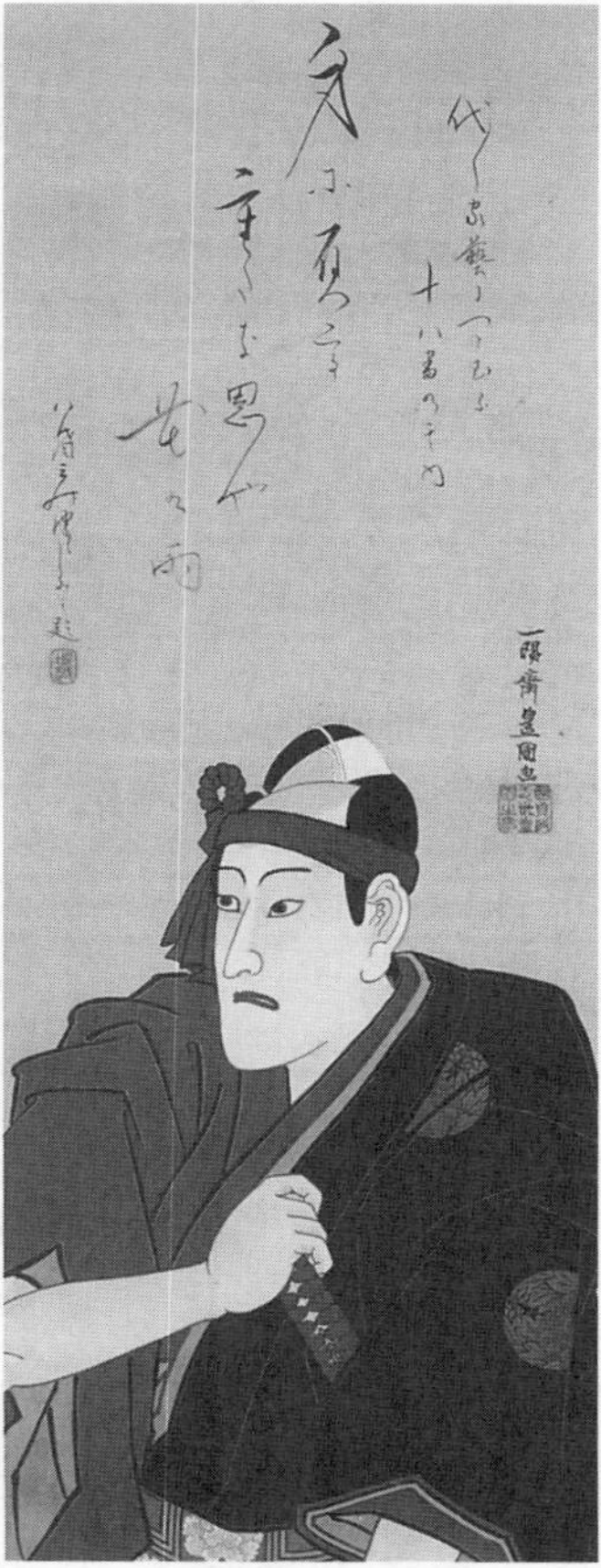

57　八代目團十郎の助六　歌川豊国（三代）　東京国立博物館

打てないという異常事態だったが、三月五日に一件落着となり、ようやく興行が開始されることになった。八代目は待望の「助六」を初役で演じる。七代目が江戸十里四方追放になり上方《かみがた》にいた時期である。八代目の助六、六代目幸四郎の意休《いきゅう》、七代目半四郎の揚巻《あげまき》という配役。市川高麗蔵《こまぞう》が六代目幸四郎、岩井紫若《しじゃく》が七代目半四郎をそれぞれ襲名し、二人とも初役で意休と揚巻を勤めていた。八代目の弟新之助も七代目市川高麗蔵を襲名して、これも初役で外郎売を勤めた。賑々しい襲名ラッシュの時に重ねて、まことに初々しい「助六」だったに違いない（図57）。「助六」は大好評で、五月までのロング・ランとなる。

これ以後の八代目は、父七代目が得意にした役を次々に演じ、江戸の人気はいよいよ高ま

るのに並行して、着実に実力をつけていった。

美貌の人気役者

錦絵《にしきえ》で知られるとおり、八代目は面長で非常な美男子であった。代々の團十郎とは違った型の風姿を備えていた。粋《いき》で、上品で、色気があり、それでいていや味がなく、澄ましていても愛嬌があった。音声は甲走《かんばし》って高く、さわやかで朗々とした名調子だったと言う。八代目は、実生活における親孝行でも知られる。父の七代目が追放された時、彼は毎朝精進茶断《ちゃだ》ちをして、蔵前の成田不動の旅所に日参し、父の無事と赦免《しゃめん》を祈り、母や兄弟を慰めた。これを理由として町奉行から表彰され、銭十貫文を貰った。このことも、庶民のアイドルにふさわしい行為と見なされ、彼の人気をより高める原因の一つになった。

天保十三年（一八四二）四月に追放されて伊達家に寄寓していた父七代目にあてた書簡が残っている。猿若町に移転の河原崎座が完成し、いよいよ五月五日から開場する旨と自分の役とを報告し、「御安心可被下候《くださるべく》」と結んでいて、いかにも孝行息子らしい純情な人柄がにじみ出ている。八代目二十歳の筆である。

美貌で上品な「花」の役者である八代目は、「鳴神」「助六」「勧進帳」など「家の芸」を演じて高い評価を受けたのはむろんだが、新しい役どころを開拓したことを特筆しておきたい。

八代目が初演して大評判を取り、後代に語り伝えられることになった傑作が四役ある。嘉

58 「与話情浮名横櫛」 八代目團十郎の与三郎
歌川豊国（三代） 東京都立中央図書館東京誌料文庫

永四年（一八五一）二月市村座の「明烏《あけがらす》 花濡衣《はなのぬれぎぬ》」の時次郎《ときじろう》、同年九月市村座の「源氏模様《げんじもよう》娘雛形《むすめひながた》」（田舎《いなか》源氏）の光氏《みつうじ》、同五年七月河原崎座の「児雷也《じらいや》豪傑譚話《ごうけつものがたり》」の児雷也、同六年三月中村座の「与話情浮名横櫛《よわなさけうきなのよこぐし》」の切られ与三郎《よさぶろう》（図58）である。

「明烏」では、八代目の女房役者としてつねに共演した初代坂東志うかの浦里《うらさと》を相手に、幕末の退廃的なムードが喜ばれ、生涯の当たり役として記憶された。「田舎源氏」の光氏は、

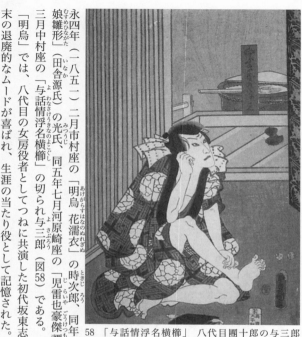

「源氏物語」の光君を当世風に書き替えた気品のある美男子の役どころだから、八代目の当たり役になった。この時期になると、読本《よみほん》や合巻《ごうかん》などの小説と歌舞伎とが接近し、交流し合う流行現象が生まれた。作者三代目瀬川如皐《じょこう》（一八〇六〜八一）の名を、演劇史上不朽のものにしたのは「与話情浮名横櫛」であるが、これも八代目の与三郎という適《はま》り役があってこそ初めて生まれたものである。美男子役者の全身をさんざん傷つけさせてみたいという嗜虐《しぎゃく》的な興味があったことを否定できないにしても、それがまた幕末期の江戸文化の一つの特色であった。お家物の殿様役や世話物の若旦那の役は、それまでの江戸の歌舞伎では座頭《ざがしら》役者が演ずる一日の狂言の主役ではなかったのだが、八代目の強烈な個性がこれらの役どころを開拓したと言ってよい。

大坂での自殺

嘉永七年（一八五四）六月の末、八代目は(1)土用《どよう》休みを利用して在坂中の父海老蔵を訪ねようと思い立って江戸をたった。途中名古屋で興行していた父と一座し、閏《うるう》七月一日を初日として「与話情浮名横櫛」の与三郎、「曾我対面」の十郎などで好評を得、二十三日に打ち上げた。そこから父とともに大坂に赴き、二十八日に道頓堀中《なか》の芝居へはなやかに船乗り込みをした。ここでは市川白猿《はくえん》の芸名で、当たり役の「児雷也」と「切られ与三」を出す予定で、初日を待つばかりとなっていた。しかしその初日八月六日の朝、島の内御前町の旅館植久の一室で自殺してしまった。三十二歳だった。その原因については、彼の極端に神経質な性格に起因するというもの、七代目の愛妾ためとの確執《かくしつ》によるとするもの、夏の休みに江戸を離れて大坂に出演することの不義理に悩んだとするものなど、さまざまな説が語られているが、ほんとうのことは誰にもわからない。

法名を篤誉浄莚実忍信士《とくよじようえんじつにんしんじ》と言い、大坂の一心寺と江戸の常照院とに葬られた。

八代目も団栗《どんぐり》・三升・夜雨庵の俳名で俳諧をよくし、書画にもすぐれた才能を持っていた。短い生涯だったが、数多くのみごとな遺筆を残した。

八代目ファンの熱狂ぶり

八代目に対する人気は、とくに婦女子によるそれが強かったのはもちろんで、彼が「助六」の舞台で「水入り」に使った大きな天水桶の水が、一徳利一分ずつで毎日飛ぶように売れたという伝説がある。贔屓の女性連が、この水で白粉《おしろい》を溶いて顔に塗ると美貌になれると言って、争って買い求めたというのである。また、八代目の吐き捨てた痰《たん》を「團十郎様御痰」と表書きして、御殿女中たちが錦《にしき》の守り袋に入れ、肌守りにしていたとの伝説もあった。弘化四年（一八四七）刊の『役者豊年蔵』に、「当時江戸の流行は．何でもかでも八代目．簪《かんざし》屋はもちろん．絵草紙．食類も三升〳〵《さんじよう》」と書いたのは誇張ではなかろう。その熱狂ぶりはまことにめざましいものがあった。

死後も常照院の八代目の墓には、奥女中や町娘たちが群をなして参詣し、金銀・珊瑚《さんご》・鼈甲《べっこう》などの高価な櫛《くし》・簪・香箱の類を手向《たむ》けていった。寺ではこの参詣者を当てこんで、八代目の法名を記した紙を一枚一分で売って一儲けしたと言う。格別の美貌で、生涯独身で通した八代目の人気は、自殺の後もいっこうに衰えず、いつまでもその早すぎる死が惜しまれた。そのことは三百種を超える膨大な死絵《しにえ》が出版されたことによってもわかる。このような例は他には一人もいない。それぞれ趣向を凝らした死絵には、鬼が八代目を連れて行こうとするのを、多くの女性たちが行かせまいとして一所懸命に引き止めている絵がある（図59）。三途河《しょうずか》の婆《ばば》や亡者の女性たちが鬼に向かって「マァマァ待って」と哀願していたり、猫も綱を曳いているのがおもしろい。八代目の遺影の前で、出家した熊谷蓮生坊の衣裳の七代目が読経していたり（図60）、極楽芝居に出演することになった八代目がすでに亡くなっている役者とともにお目見得の口上を述べている絵もある。死絵の中に、團十郎を死に追いやったのは後の九代目の母親である七代目の愛妾ための陰謀と解釈し、ためという女性を悪役に仕立てあげたものもある。当時そんな噂も市中に飛び交っていたのであろう。

死の直後には何種類もの読み物が出版された。『八代目市川團十郎一代狂言記』『露時雨八《つゆしぐれはち》代愁傷《だいしゅうしょう》』『明烏夢物語』などである。こういった書物が出版されたことは、それだけ多くの読者があったことを物語ってあますところがない。その一種に『追善三升孝子《みますごうし》』がある。外題《げだい》の『三升孝子』は、團十郎家のデザインの一つである三筋格子（177頁参照）の「格子」に、かつて親孝行で褒美を貰った「孝子」を兼ねさせている。

幕末の江戸、両国橋界隈や浅草奥山などの盛り場で生人形《いき》（活人形）と呼ばれる見世物が流行している。熊本の松本喜三郎という人形師がとくに有名で、巷間のニュース種の人形な

59　八代目團十郎の死絵　ヴィクトリア・アルバート博物館

60　八代目團十郎の死絵　歌川豊国（三代）　プラハ国立美術館

どを製作して人気があった。八代目が自殺した翌年、浅草奥山で生人形が興行されていた。『武江年表』の安政二年（一八五五）の項によると、二月十八日から八十日間浅草寺観世音開帳につき、同寺奥山でさまざまな生人形や象の作り物の見世物ができた。その中に八代目團十郎の生人形があって人気を集めた。「昨年浪花に赴きて横死せし俳優《やくしゃ》市川團十郎が肖像、狂言に出で立ちたる形、楽屋のさま、極楽へ至り成仏のさまなど作りて看《み》せ物とす。普通の細工なれど、贔屓多かりし俳優の自尽をいたみし折から故、おのづからにして見物群集せり。細工人竹田縫之助清一なり」とある。こういう興行が成功したことを見ても、没後ますます高まった八代目團十郎人気の様子がしのばれる。

（1）土用休み

江戸時代、興行者と役者との雇傭関係は、毎年十一月一日から翌年十月末までの一年契約であった。芝居年中行事のうち、六月、七月の二ヵ月を土用休みとし、原則として興行を休んだため、役者はこの期間を利用して湯治に出かけたり、ひそかに旅芝居に出たりした。しかし、厳密に言えば座元と結んだ契約違反なので、表向きは旅芝居には出られなかったため、仮の名を使っている例が多い。上方の役者の場合は、江戸にくらべて自由があった。

團十郎デザインのいろいろ

家紋（定紋《じょうもん》・替紋《かえもん》）

三升（みます）

市川團十郎家の定紋。「暫」の主人公の柿の素袍《すおう》（大紋）、三本太刀の大太刀の鍔《つば》も角ばった三升にする。きわめて珍しい四角の形と黒一色の太い線で構成されているのが、江戸人好みの、男らしく武張ったイメージを表象している。荒々しい荒事の家の紋にふさわしく、江戸の人々の憧れにもなった。米を計《はか》る升《ます》（枡）の大・中・小三個を入れ子にして、上から見た形を図案化したものである。一説に、初代團十郎が不破伴左衛門の役の衣裳に使った稲妻の模様から転じたとも伝える（『役者名物袖日記』）。また、團十郎の先祖は甲斐国東山梨郡市川村の出身とする説を踏まえ、この地方の升は「甲州の大升」と言われ、一升が普通の升の三升に相当するほどの大きさだったことからヒントを得たという説もある。正確な由来はわからない。

杏葉牡丹（ぎょようぼたん）

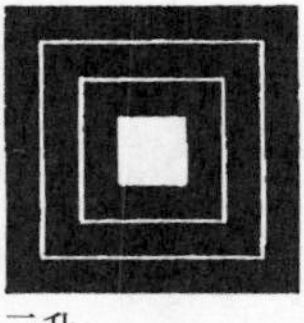

三升

市川團十郎家の替紋。左右から杏の葉を抱き合わせた形にし、下に牡丹の花を配した図案。助六の衣裳、黒羽《くろは》二重《ぶたえ》の五《いつ》つ所《どころ》紋は、杏葉牡丹を美しく色さしの縫紋《ぬいもん》にしてある。奥女中の絵島《えじま》（江島）が将軍家の御台所《みだいどころ》から拝領した紋付（杏葉牡丹模様の蒔絵《まきえ》の手筥《てばこ》とも言う）を二代目團十郎に贈ったところ、團十郎はそれを舞台の助六の紋に使用した。ところが、絵島生島の事件が起こったため、二代目はその累《るい》が及ぶのをまぬがれるために、これを市川家の紋にしてしまったのだという説がある。また、京の近衛《このえ》家から下った将軍の御台所付きの奥女中三坂が團十郎贔屓《びいき》で、主人から拝領した紋付を贈った。そのことから替紋にすることを考えたとも言う。いずれも真偽のほどは不明だが、杏葉牡丹は本来近衛家の紋どころであるのは間違いなく、あたかも絵島生島の事件があった頃のことなので、それに付会したまことしやかな流説が行われたのであろう。

牡丹

市川團十郎家の替紋。中国で「富貴の花」として愛翫されたような、咲き誇る豪華絢爛《けんらん》のイメージを採用したのであろう。現行の助六の帯は、三升と牡丹とを交互に並べた模様になっている。

杏葉牡丹

牡丹

福牡丹（ふくぼたん）

市川團十郎家の替紋。富貴の花とされる牡丹に「福」の文字を添えて、美しさ、豪華さ、めでたさとを合体させた図案。烏亭焉馬《うていえんば》の作『江戸客気團十郎贔屓』（天明九年正月刊）は「團十郎家の紋や模様」について、あれこれと講釈をしているが、どこまで信用できるかは疑問である。ただし、「福牡丹」について、五代目團十郎が「艾《もぐさ》うり」を演じた時に「牡丹は花の富貴なり、人は寿福といふなりとて福といふ文字を付け、福牡丹の模様」を使ったのに始まると本人から聞いた、と記しているのは信頼できるように思う。

模様（デザイン）

三升つなぎ

三升の模様を次々に絡《から》ませて「つなぎ」にした模様。七代目團十郎が使ったことから流行模様になったもので、手拭《てぬぐい》・浴衣《ゆかた》などの模様として好んで使われた。現行の「伽羅先代萩《めいぼくせんだいはぎ》」（床下）の荒獅子男之助《あらじしおとこのすけ》の裃《かみしも》に使っている。

六弥太格子（ろくやたごうし）

福牡丹

六弥太格子

八代目團十郎が岡部六弥太の役の衣裳に使ったのがきっかけになって町の流行になった。三升つなぎの変型模様である。

三筋（みすじ）

三本の筋の意匠《いしょう》。三升の紋を三本の線と見なして伸ばしたもの。巻紙の上部に紅《べに》の筆で三本の線を引いたものなど、調度や小間物《こまもの》のデザインに広く使用する。ごく単純・簡素ですっきりした印象が江戸好みの粋の美にかなった。

三筋格子（みすじごうし）

縦横に組み合わせた三本縞《じま》。「三筋」を縞模様にしたもの。

市川格子（いちかわごうし）

「三筋格子」の縞の間に、細い縦横の一本縞を入れた模様。この模様を「三筋格子」とする人もある。

三階菱（さんがいびし）

三升を崩して、三階に積み重ねて図案化した替紋の一つ。

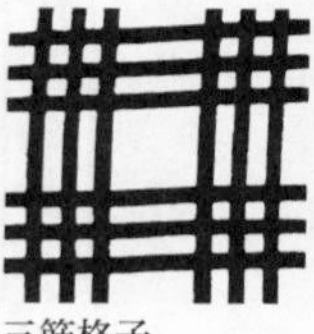

三筋格子

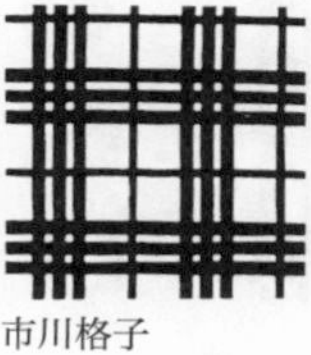

市川格子

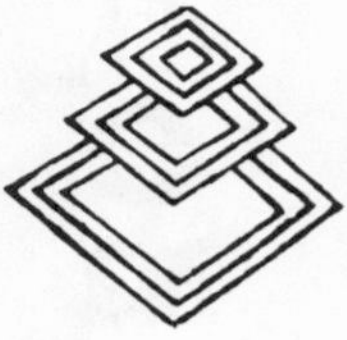

三階菱

鎌○ぬ（かまわぬ）
農具の「鎌」の絵と丸の「輪」と平仮名の「ぬ」を使って模様にしたもの。江戸時代の初期に巷の荒くれ者である「かぶき者」が着はじめた模様であるが、七代目團十郎が舞台で使用して「家の模様」にもしたので、江戸の町で大流行したと言う。市川團蔵家の「鎌ゐ《かまい》升《ます》」、尾上菊五郎家の「斧琴菊《よきこときく》」といった「鎌○ぬ」に対抗する判じ物デザインが考案され、これらも流行したと言う。

蝙蝠（こうもり）
中国で蝙蝠を幸福のシンボルにしたことを踏まえて、替紋にも、別号にも、模様にも使った。

寿海老（寿の字海老）（ことぶきえび・じゅのじえび）
海老を「寿」の文字のような形に図案化したもの。海老は初代團十郎の幼名海老蔵の縁で、この家の大切な名前である。海老は正月の門飾りにも使われるように、姿が立派で甲冑《かっちゅう》を身に着けた武士を思わせる「強さ」の象徴である。そして、めでたさを表現する。團十郎のことを「江戸の花海老」「江戸の飾り海老」などと形容した例もある。そ

鎌○ぬ

鎌○ぬ

斧琴菊

の海老を「寿」の字の形に重ねてめでたさをさらに強調したデザインである。

寿の字蝙蝠（じゅのじこうもり）

蝙蝠を「寿」という文字のような形に図案化したもの。「寿の字海老」と同じ発想で考えたもの。

鯉の滝登り

由来は不詳。困難に負けず勇敢に立ち向かっていく勇ましい鯉の姿に、「家の芸」の荒事のイメージを重ねたのであろう。端午の節句の鯉幟に通う。故事に「鯉は龍門の滝を登り飛龍となる」とあることから、出世を願う心から替紋にしたというのが通説。

荒磯模様（鯉に荒磯）

「鯉の滝登り」の変型として、荒波の中を力強く泳ぐ鯉の姿を図案化していたものから、荒磯だけを模様にしたもの。十一代目、十二代目の研究会を「荒磯会」と命名したのは、これにもとづく。

鯉の滝登り

蝙蝠

瓢箪模様（ひょうたんもよう）
芭蕉が米櫃に使った瓢箪を、二代目團十郎が手に入れて愛用したところから、これが市川家の家宝となっていたので、これを模様に使ったもの。落款《らっかん》の形にも使った。

色

升花色（ますはないろ）
薄縹色《うすはなだいろ》（紫紺《しこん》）のこと。五代目團十郎が得意にした廻国の修行者（六部）の頭巾《ずきん》にこの色を工夫して使用したことから、流行色になった。

柿色（かきいろ）
やや黒ずんだ柿の色。「團十郎色《いろ》」と呼ばれた。「暫」の主人公の着る「柿の素袍」は、二代目以来伝承の約束事である。襲名・改名・追善・御目見得《おめみえ》の披露《ひろう》口上など、ハレの機会に市川家とその一門の役者が着る裃の色は柿色に定まっている。市川家と直接の関係はないが、柿色は江戸の劇場で使用した定式幕《じょうしきまく》（狂言幕）の三色（黒・萌葱《もえぎ》・柿）にも入っている。江戸の人々が格別に親しみを持った色であった。

九代目（一八三八〜一九〇三）

九代目團十郎は幕末に生を享け、明治維新の大変革期をくぐり抜け、急激に変化する新時代に適応する歌舞伎の在り方を模索し、新しい演技術を創始し、かつ役者の社会的地位の向上を果たした。歌舞伎の近代化の歴史に偉大な足跡を残した九代目は、たしかに偉大な人物であり、傑出した名優であって、同じ時代に双璧として活躍した五代目尾上菊五郎とともに現代歌舞伎にきわめて大きな影響を残した。

その青年時代

九代目は、七代目の五男として天保九年（一八三八）十月十三日に生まれた。八代目とは異母の兄弟である。生まれて七日目に、河原崎座《かわらさきざ》の座元《ざもと》六代目河原崎権之助《ごんのすけ》の養子となり、河原崎長十郎と名のった。河原崎家では養父・養祖母から役者としてのあらゆる教養を身につけるべく、厳しい教育を受けた。嘉永五年（一八五二）九月、長十郎を改めて権十郎《ごんじゅうろう》と改

61　「三人吉三廓初買」九代目團十郎（権十郎）のお坊吉三・市川小團次の和尚吉三・岩井粂三郎のお嬢吉三　歌川豊国（三代）　国立劇場

名した。その前後は河原崎座の若太夫《わかたゆう》として別格の処遇を受け、子役から立役に進んで役者としての修行を積んだ。

嘉永七年（一八五四）兄の八代目が自殺し、その翌年養家の河原崎座が焼失して本櫓《ほんやぐら》(1)の森田座が再興されたため興行権を失った（河原崎座は本櫓の森田座が興行できない時期に限って興行することを許されている控櫓《ひかえやぐら》だった）。安政四年（一八五七）養父とともに市村座に出勤した権十郎は、ここで、しだいに大役を演ずるようになる。幕末の名優四代目市川小團次を座頭《ざがしら》とする座に加わり、安政六年には初役で「勧進帳」の弁慶を勤め、翌年河竹黙阿弥《かわたけもくあみ》作「三人吉三廓初買《さんにんきちさくるわのはつがい》」の初演にお坊吉三を演じたりした（図61）。以後四代目中村芝翫《しかん》座頭の座で、「鞘当《さやあて》」の名古屋山三《さんざ》、「対面」の曾我五郎、「錣引《しころびき》」の景清《かげきよ》、「菅原伝授《すがわらでんじゅ》手習鑑《てならいかがみ》」の梅王・源蔵、「春相撲扇伊達紐《はるずもううちわのだてひも》」に荒獅子男之助《おとこのすけ》・細川勝元、文久二年（一八六二）

には二十五歳で初役の「助六」などを勤めた。「青砥稿花紅彩画《あおとぞうしはなのにしきえ》」（弁天小僧）の初演には、羽左衛門（五代目菊五郎）の弁天小僧に、権十郎は忠信利平の役だった。文久三年、五代目坂東彦三郎の座に入り、「国性爺《こくせんや》」の和藤内《わとうない》、「本朝廿四孝《ほんちょうにじゅうしこう》」の慈悲蔵《じひぞう》、「仮名手本忠臣蔵」の塩冶《えんや》判官・力弥《りきや》・勘平《かんぺい》、「義経千本桜」の権太《ごんた》などを演じ、元治元年（一八六四）には二十七歳で初役の「暫」を見せた。

　青年時代の権十郎は、いつの場合も一座の花形役者として遇せられ、もっともはなやかな役々を受け持ち、市村羽左衛門を名のっていた時代の五代目菊五郎とともに、八代目團十郎なき後の江戸の人気役者となって活躍した。

　この間安政六年三月に実父海老蔵（七代目團十郎）と死別する。父との共演の機会は少なかった。

　明治元年（一八六八）九月、養父権之助が強盗に殺害されるという悲惨な事件に遭ったため、養父の河原崎座再興の遺志を継ごうとし、翌年三月七代目権之助を襲名し、市村座の座頭の地位にすわった。時に、三十二歳であった。明治六年九月、義弟の蝠次郎《ふくじろう》に八代目河原崎権之助の名を譲り、自身は河原崎三升と改名した。團十郎代々の俳名だった三升を芸名としたこの改名は、翌年の市川家への復帰、九代目團十郎襲名の伏線だった。

演劇改良運動

　明治四年（一八七一）正月から、興行師十二代目守田勘弥《かんや》の守田座に初めて出勤した。

「勧進帳」や「忠臣蔵」の高師直《こうのもろのう》・大星由良之助《ゆらのすけ》・勘平・定九郎《さだくろう》といった古典狂言も演じたが、むしろ新しい演出法を使う新作の時代物に意欲を燃やしていた。「地震加藤」「碁盤《ごばん》忠信」などがそれで、やがて「活歴《かつれき》」に熱中する九代目の出発点であった。

明治七年七月、芝新堀に河原崎座を建て、これを置き土産にして市川家に戻り、ただちに九代目市川團十郎を襲名した。三十七歳であった。河原崎座の座頭となった九代目は、かねての宿願を実現しようとし、開場興行の「新舞台巌楠《しんぶたいいわおのくすのき》」で、極端に動きの少ない写実的演技を見せ、幕切れに慣例の柝《き》を打たないなど、従来の歌舞伎の演技・演出を大胆に変えて観客を驚かせた。同九年三月から中村座に出演、五月に自信作「重盛諫言《しげもりかんげん》」を初演した。その九月、十二代目守田勘弥の要請によって新富座の座頭となる。

近代歌舞伎の開幕を象徴する重要な出来事の一つは、劇場の都心進出と豪華な大劇場の出現であった。明治五年、十二代目守田勘弥は猿若町の守田座を新富《しんとみ》町に移転させた。新劇場は「新富座」と改称されたがまもなく焼失してしまった。再建築の後、明治十一年（一八七八）六月にははなばなしく開場式を行った。欧米の劇場様式を学び近代的新様式を取り入れた堂々たる大劇場だった。ガス灯も初めて設置されていた。時代は、政治・経済・文化のあらゆる分野において、新政府の開化改良政策にリードされた改良主義が捲き起こっていた時である。新富座の開場式には、貴紳が多数招待され、役者も狂言作者も燕尾《えんび》服を着て参列した。その舞台で九代目は祝辞を朗読し、国劇改良の決意を高く唱え上げたのである。伊藤博文の女婿末松謙澄《すえまつけんちょう》は欧米の演劇に興味を持ち、外山正一・渋沢栄一・森有礼・依田学海ら、当時の政界・財界・言論界の最有力者に呼びかけて「演劇改良会」を結成、九代目と勘弥の改良運動をバックアップした。明治十九年のことである。過激な改良意見が発表され、これをめぐる賛否両論が論壇で沸騰した。

これ以後のおよそ二十年間、九代目は勘弥と提携し、伊藤博文・松田道之・依田学海・福地桜痴《おうち》ら、当時最高の政・財界人や学者の後援のもとに、いわゆる「活歴物」を積極的に次々と上演していく。脚本は主に狂言作者の河竹黙阿弥(2)が執筆した。

活歴物への傾倒

「活歴」とは当時のジャーナリスト仮名垣魯文《かながきろぶん》による命名で「活歴史」の略、すなわち「活きた歴史」の意味である。脚本の筋や内容は史実を忠実に描くこととし、学者、美術家、好劇家らによる「求古会《きゅうこかい》」を構成して指導を仰いだ。扮装・小道具・鳴物などは専門家の考証に従い、演技は純写実で行おうというもので、伝統的な歌舞伎の仕組み上の特色だった虚構(たとえば武士社会の物語の中に突如江戸時代の世話の人物が登場したりする、時代の混淆)の楽しさ、様式的に誇張された演技や演出を否定する形になった。当然長い間江戸歌舞伎に親しんできた庶民大衆から反発と不評を買い、九代目の改良癖・高尚癖との批判も浴びた。しかし、九代目は演劇を新時代の教育に資するべきものと考え、また貴紳淑女の鑑賞に耐える高尚なものに高める道はこれ以外にないと信じ、ひたすら「活歴」運動に精力をそそいでいた。

62　天覧劇「勧進帳」　左團次の富樫・九代目團十郎の弁慶・中村福助の義経　豊原国周　神奈川県立歴史博物館

天覧劇の実現

こうした演劇改良運動の頂点ともいうべき象徴的な催しとして、明治二十年（一八八七）の天覧劇が実現した。九代目は、五代目尾上菊五郎・初代市川左團次・四代目中村福助（後の五代目歌右衛門）らとともに、明治天皇の前で「勧進帳」と「高《たか》時《とき》」を演じた。

天覧劇は明治二十年四月二十六日から四日間、外務大臣井上馨《かおる》の私邸に、天皇、皇后、そのほか皇族、内外の高官を招いて盛大に行われた。さすがの名優たちも舞台で体が震えたというほど緊張しきっての上演であっ

た（図62）。十二代目守田勘弥がプロデューサーの役を勤めた。狂言作者の河竹默阿弥が書いた天覧劇当日の役割表が残っている。この催しが、当時の劇界にとって破《は》天荒《てんこう》な慶事とされたのはもっともである。この時期は、九代目の劇界における実力も技芸も絶頂期であった。このことは、永い間賤《いや》しめられてきた役者の社会的身分の向上を公《おおやけ》に示したものとも言える。しかしその反面、反体制の気骨を持っていた庶民の演劇が急速に大衆の心から離れていく結果を招いたのは、やむを得ない成り行きと言わねばならなかった。

新歌舞伎十八番

かつて七代目は、歌舞伎十八番とは別にもうひとつ新歌舞伎十八番を制定しようと考えていた。しかし、二作品を選んで上演しただけで挫《ざ》折《せつ》していた。九代目は父の遺志を受け継ぎ、自分の演劇改良の主張にもとづく記念すべき作品を加え、新歌舞伎十八番を制定した。その内容は、「高時」「大森彦七」「重成諫言」「地震加藤」「酒井の太鼓」「吉備《きび》大臣」「伊勢三郎」「鏡獅子」「船弁慶」「紅葉狩」「素襖落《すおうおとし》」などで、いわゆる「活歴」系の作品と、能や狂言から採った高尚趣味の「松羽目物《まつばめもの》」がほとんどである。その数は十八種に限定せず、実際には三十二種とも四十種とも言う。「十八番」という表現を、得意芸を意味する「おはこ」の意味に取りなしたのであろう。これに対抗するかのように、五代目尾上菊五郎は「新古演劇十種」を制定し、音羽屋の「家の芸」を明示した。

九代目の「活歴」に対して、世話物にすぐれていた五代目菊五郎は明治以後に「散切物《ざんぎりもの》」と呼ばれる一ジャンルを開いた。散切物は、江戸歌舞伎の伝統的な世話物の様式や手法を生かしながら、明治開化期の新風俗を描く作品を言う。散切頭《ざんぎりあたま》に洋服姿、銀行・ステンショ・新聞・巡査といった目新しい風俗や言葉を盛り込んだ作品群で、河竹黙阿弥が多くの作品を書いた。明治十四年（一八八一）十一月に上演した散切物「島衛《しまちどり》 月白浪《つきのしらなみ》」には、九代目團十郎も出演、明治時代の歌舞伎を代表したいわゆる「團・菊・左」の大顔合わせだった。この狂言は現代にも上演される。

晩年の團十郎

「観客がたとえ三人になってもやってみせる」と固い決意と自己主張を持っていた九代目だったが、「活歴」に対する大衆の反応はあまりにも冷たかった。さすがの九代目も年齢からくる衰えもあったのか、明治二十七、八年（一八九四、九五）のころからは再び古典歌舞伎を盛んに演ずるようになった。すでに六十歳に近づいていたのである。

明治二十二年（一八八九）新築された歌舞伎座の座頭となった九代目は、福地桜痴との提携によって新作にも意欲的で、忠臣・義士・烈婦を主人公にした作品や近松の時代物の改作を演じたりしたが、「春日局《かすがのつぼね》」以外はあまり評判がよくなかった。

三十年代以降になると、新歌舞伎十八番にはいる得意の作品の他は、「忠臣蔵」の由良之助、「河内山《こうちやま》」、「幡随《ばんず》院長兵衛《いんちょうべえ》」、「寺子屋」の松王丸、「勧進帳」、「毛剃《けぞり》」、「一谷《いちのたに》」の熊谷、「妹背《いもせ》山《やま》」の大判事とお三輪《みわ》、「道成寺《どうじょうじ》」など、古典における当たり狂言を次々に演じて円熟大成した見事な演技を見せ、他の役者には真似ることのできない至芸と人々を讃歎させた。

63　「暫」鎌倉権五郎　『舞台之團十郎』より

彼が活歴の時代に創始した「肚芸《はらげい》」と呼ぶ心理主義的な表現方法は、これらの古典歌舞伎の役の創造法の中にも応用されており、以後の近代歌舞伎の体質に大きな影響を与えた。それは舞台であまり動かず、多くのせりふを言わずに、人物の感情は顔と目――すなわち顔面表情による心理描写を重視する方法だった。これらの演技術はたしかに伝統的な江戸歌舞伎とは質を異にするところに違いなかった。それ以外にも「九代目の型」「成田屋の型」として尊重される数々の狂言の演出を現代歌舞伎に残した。

明治三十六年（一九〇三）二月、五代目菊五郎が六十歳で没したため、その遺志によって遺児三人の改名披露をさせ、「対面」の工藤祐経《すけつね》に扮して口上を述べた。五月に最後の舞台となった「春日局」を演じて後は健康がすぐれず、同年九月十三日、茅《ち》ケ崎《さき》の別荘で没した。六十六歳であった。九代目は神道《しんとう》に傾倒し、晩年に権大教正《ごんだいきょうせい》に補され、没後に大教正を贈られている。したがって、先祖以来の浄土宗による仏祭をやめて、すべて神式で行った。九代目自身も常照院ではなく、青山墓地において神葬によって葬られた。

九代目には名跡を譲るべき男子がなかったため、以後長い間「市川團十郎」の名跡が空白になってしまった。九代目があまりにも偉大だったために容易に後継者を決定することができなかったのも、その一因である。

文化人市川團十郎

九代目が演技力の非凡さにおいて傑出した名優であったことはもちろんだが、生涯にあげた数々の業績は、後代になって彼を明治第一級の文化人の一人としても評価させることになった。このことは、福沢諭吉《ゆきち》・夏目《なつめ》漱石《そうせき》・内村鑑三《うちむらかんぞう》・森鷗外《おうがい》・野口英世《のぐちひでよ》・正岡子規《まさおかしき》らを選んだ文化人切手に「九代目　市川團十郎」として選ばれたことに表れている（昭和二十五年・一九五〇発行　図64）。これに九代目團十郎が推薦された理由は、⑴新時代文化への異常な関心、⑵新時代文化に適した新演技の創造、⑶芸能人としての自覚とそれに伴う俳優の社会的地位の向上、の三点だったそうである（河竹繁俊氏による）。それ以前の大正八年（一九

65　九代目團十郎の暫の銅像（昭和60年復元建立）
浅草寺

64　九代目團十郎の切手（昭和25年発行）

一九）、浅草公園内に九代目の演じる「暫」の銅像が建てられた。この像は第二次世界大戦中に軍部へ供出したが、昭和六十年（一九八五）に十二代目團十郎が誕生した時、記念として以前のままの銅像を同地に復元建立した（図65）。

「押隈《おしぐま》」というものがある。荒事の役で隈を取って芝居をした役者が楽屋に戻り、すぐに紙や絹を顔に押し当てて、隈を写し取ったものである。筆で描いたものと違い、独特な濃淡の味わいがあり、役者の個性的な顔立ちの特徴がしのばれるのがその魅力である。役者が押隈を取り、これを欲しがる贔屓《ひいき》に差し上げることが行われるようになったのは、九代目以来のこととされている。

九代目が書・画・俳句など幅の広い文筆の趣味を持っていたことはよく知られている。そのことは團十郎代々の伝統でもあったのだが、九代目の場合には近代の知識人と交遊するために必要な教養という面もあり、同時に彼の演技や演出の創造に深く関係を持っていた。書・画の墨跡は実にみごとなもので、三升・團州・寿海・夜雨庵などの号を使った。晩年は茅ケ崎の孤松庵《こしょうあん》で、門弟を指導するかたわら悠々自適の趣味に明け暮れていた。

（1）櫓

劇場の木戸表に組まれた櫓のこと。現在は東京・歌舞伎座、京都・南座など少数の劇場にしか残っていないが、江戸時代は幕府公認の劇場はすべて表木戸の屋根の上に櫓を組んでいた。櫓（矢倉）はもともと、矢を入れておくための倉だったが、城郭建築に取り入れられ、防戦や物見のための高楼となり、更に神を招く印として劇場に取り入れられた。幕府から興行を許された劇場は櫓を組むことが認められたため、櫓は公認劇場の象徴となり、興行権が与えられた興行主は「本櫓」（元《もと》櫓）と言われた。また、本櫓が興行できない時、代わって興行する権利を与えられた興行主を「控櫓」または「仮櫓」と言った。

（2）河竹黙阿弥（一八一六〜九三）

幕末・明治期の狂言作者。湯屋の株売買を業とする日本橋越前屋に生まれる。天保六年（一八三五）二十歳で五代目鶴屋南北に入門、勝諺蔵《げんぞう》を名のって狂言作者見習となる。この年三月の市村座の番付に名の出たのが狂言作者生活の出発である。天保十四年（一八四三）二代目河竹新七を襲名して河原崎座の立作者となる。嘉永七年（一八五四）四代目市川小團次のために書いた「都鳥廓《ながれの》白浪」で成功し、小團次のために「三人吉三廓初買」「勧善懲悪覗機関《かんぜんちょうあくのぞきがらくり》」など多くの白浪物を書く。明治の新時代に入って後も筆力は衰えず、九代目團十郎のために活歴物を、五代目菊五郎のために散切物《ざんぎりもの》を書いた。明治十四年（一八八一）「島衛月白浪《しまちどりつきのしらなみ》」を一世一代として引退、古河黙阿弥を名のるが、その後も作品を求められ、死の直前まで新作を提供した。生涯の作品は三百六十種にのぼる。

十代目（一八八二〜一九五六）

没後の襲名

明治の歌舞伎界を代表した九代目團十郎と五代目菊五郎が没後に残した影響力は、はかり知れないほど大きい。九代目の高弟七代目松本幸四郎、五代目の実子六代目菊五郎、同養子六代目梅幸《ばいこう》を中核にして、五代目中村歌右衛門・十五代目市村羽左衛門《うざえもん》・初代中村吉右衛門《きちえもん》ら、関西では初代中村鴈治郎《がんじろう》・二代目実川延若《じつかわえんじゃく》といった名優たちが輩出して、大正から昭和初期にいたる一時代、近代歌舞伎は黄金期を形成した。その創造精神の背骨となっていたのは、いわゆる「團・菊の歌舞伎」であったといってもよい。九代目の余響は、現代歌舞伎の中に脈々と生き続けている。

十代目團十郎が生前に團十郎を名のることができなかったのは、劇界至高の名優たるべき「市川團十郎」という名跡《みょうせき》の権威と彼自身の技芸面における力量との間のギャップが埋められなかったためであった。九代目のイメージが、あまりにも大きかったことはむろんである。

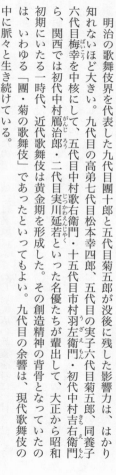

十代目は本名を稲延福三郎と言い、明治十五年（一八八二）十月三十一日に、日本橋の豪商稲延利兵衛の次男として生まれた。生年については明治十三年、同十四年とする説もある。慶応義塾を卒業後、九代目の長女実子の聟《むこ》となった。九代目は素人出身の福三郎に團十郎の名跡を譲る気はなかったので、彼には名家にふさわしい幅広い教養を身につけさせようと考えていた。

ところが、九代目没後の明治四十三年（一九一〇）、突然役者を志し、上方役者の初代中村鴈治郎を頼って巡業先を訪ね、ひそかに端役《はやく》で舞台を踏んだ。そして、その十月大阪中座の興行（初日は九月二十四日）に登場し、本名の堀越福三郎をそのまま芸名として正式に役者として立つ披露をしたのである。大正六年（一九一七）十一月、歌舞伎座で「矢の根」を演じ、五代目市川三升《さんしょう》と改名した。素人が中年過ぎてから踏み込んだ役者修行だったから、所詮技芸に難があり、口跡《こうせき》も悪く、彼の努力にもかかわらず役者としての評価はかんばしいものではなかった。しかし、つねに市川宗家《そうけ》としての権威を守り抜こうとする意欲と責任感を持ち、未曾有《みぞう》の團十郎空白期間、宗家としてなすべき役を勤めて逝った。

昭和三十一年（一九五六）二月一日没、七十三歳であった。青山墓地に葬られる。その告別式の当日、後継者の海老蔵《えびぞう》（十一代目團十郎）が故人に十代目團十郎の名跡を追贈した。

歌舞伎十八番の復活上演

十代目が残した足跡のうち特筆すべきことは、それまで埋もれていた歌舞伎十八番の数々

66　「押戻」十代目團十郎（市川三升）の大館左馬五郎輝剛　（写真　国立劇場）

を復活上演して見せたことである。昭和七年（一九三二）の「解脱《げだつ》」を最初に、以後「不破《ふわ》」（昭和八年）、「象引《ぞうひき》」（同八年）、「押戻《おしもどし》」（同九年、図66）、「嫐《うわなり》」（同十一年）、「七つ面」（同十一年）、「蛇柳《じゃやなぎ》」（同二十二年・一九四七）を次々と復活した。山崎紫紅《しこう》や岡鬼太郎の補綴《ほてい》によるもので、古い台帳による復活上演ではないにしても、これらの珍しい作品を現代に紹介したことの意義は、舞台の出来は別にして認められてよいことである。

十代目の十八番復活の背景として、様式美中心に鑑賞されるようになった近代において、古劇復活の試みが世間に迎えられたという事情があった。二代目市川段四郎による「鎌《かま》髭《ひげ》」、二代目市川左團次による「鳴神《なるかみ》」「毛抜《けぬき》」「関羽《かんう》」、第二次世界大戦後の前進座による「不破」「象引」、十二代目による「外郎売《ういろううり》」（野口達二作）、国立劇場で尾上松緑《しょうろく》が復活上演した「不動」（昭和四十二年・一九六七）、「七つ面」（同五十八年・一九八三）、「嫐」（同六十一年・一九八六）など、近年になって歌舞伎十八番のほとんどのものが復活されて上演されたことになる。

十代目は、九代目の薫陶《くんとう》を受けて、書・画・骨董・俳句などの文人趣味に才能を見せ、その遺墨もはなはだ多い。

十一代目（一九〇九～六五）

花のある役者の生涯

十一代目團十郎は本名を堀越治雄と言い、明治四十二年（一九〇九）一月六日、七代目松本幸四郎の長男として生まれた。弟に八代目松本幸四郎（後の白鸚《はくおう》）と二代目尾上松緑《しょうろく》がいる。大正四年（一九一五）一月、六歳の時、松本金太郎と名のって初舞台、昭和四年（一九二九）四月の帝国劇場で九代目市川高麗蔵《こまぞう》を襲名、同十四年（一九三九）に市川三升《さんしょう》（十代目）の養子となり、翌年の五月東京歌舞伎座の「奉祝紀元二千六百年五月興行大歌舞伎」で九代目市川海老蔵《えびぞう》を襲名した。披露《ひろう》狂言は「ういらう」の外郎売《ういろううり》じつは曾我五郎の役で、十五代目市村羽左衛門《うざえもん》・七代目澤村宗十郎・六代目大谷友右衛門・七代目松本幸四郎・市川三升・六代目尾上菊五郎・初代中村吉右衛門《きちえもん》といった、実父・養父の他、近代歌舞伎の全盛期を代表する錚々《そうそう》たる先輩が総出の晴れやかな出発だった。九代目團十郎の高弟だった七代目松本幸四郎の長男でありながら、市川宗家《そうけ》の三升の養子になったことは、すでに内々で将来團十郎の後継者にすることが見込まれていたようにも思われる。

この年の九月、若手俳優の勉強会（歌舞伎会）が発足し、海老蔵は弟の市川染五郎（八代目幸四郎）・尾上松緑や坂東薪水（十七代目羽左衛門）らと活躍、しだいに人気が上昇した。しかし、昭和十六年（一九四一）十二月八日、太平洋戦争が始まり、戦争中は軍の慰問興行などに従い、二十年（一九四五）五月二十五日の大空襲で歌舞伎座・新橋演舞場が焼失するなど、歌舞伎どころではない不幸な時代が続いた。

終戦直後の二十一年六月、東京劇場で演じた「助六」は、その前月に演じた大一座による「助六」の主要な役々をすべて若手役者に代えて演じさせる企画で、助六を海老蔵、揚巻《あげまき》を尾上菊之助（後の七代目梅幸《ばいこう》）と芝翫《しかん》（後の六代目中村歌右衛門）との一日替わり、白酒売りをもしほ（後の十七代目中村勘三郎）が演じ、新旧世代の交替のきっかけとなった画期的な上演である。企画の成功もあり、この「助六」は大当たりで、とくに海老蔵の助六が人気を沸かせた。三十七歳であった。この成功によって彼は戦後の歌舞伎界を背負う花形役者として認められた。昭和二十六年（一九五一）三月の歌舞伎座で、舟橋聖一訳の「源氏物語」が上演された。美貌役者の海老蔵の個性や芸風と、彼の熱狂的な人気を前提とした企画だったのはむろんだが、そのもくろみはみごとに成功した。いわゆる「海老さま」ブームはこのころから女性の歌舞伎ファンの間に澎湃《ほうはい》とわき起こってきたのだった。

それ以後、「三越歌舞伎」と呼ばれた若手歌舞伎にも出演、人気は上昇する一方で、彼はその人気に応えるように、古典の時代物・世話物・荒事《あらごと》に好演したほか、新作にも意欲的に取り組み、多くの傑作を生んだ。

昭和三十一年（一九五六）に養父三升が没し、十代目團十郎を追贈して以後、ジャーナリストの間で海老蔵の十一代目襲名問題が活発に取り沙汰されるようになった。しかし、大きすぎる名跡を継ぐことに本人の逡巡《しゅんじゅん》もあり、なかなか実現するには至らず、それから六年後の昭和三十七年（一九六二）四月の歌舞伎座で、ようやく世人待望の團十郎襲名が成った（図67・68）。九代目が没してから、実に五十九年間にわたって空白だった市川團十郎の誕生であり、十一代目はまことにその名跡にふさわしい役者だったのである。

しかし、十一代目團十郎の時代はわずか三年半だけで、昭和四十年（一九六五）十一月十日、五十六歳で生涯を閉じてしまった。戦後歌舞伎を代表する役者の一人として、また他に類を見ない花の役者として、彼の早過ぎる死は万人に惜しまれた。

魅力的な芸風

十一代目の魅力は、なんといっても並外れた美男ぶりであったが、風姿がよく、おのずから高い気品が備わっていた。どことなく孤独な感じもあった。その点で、まさしく八代目團十郎の系統に入る役者であった。婦女子の人気が抜群だったのも八代目と同じである。「助六」、「勧進帳《かんじんちょう》」の富樫《とがし》、「源平布引滝《げんぺいぬのびきのたき》」の実盛《さねもり》、「仮名手本忠臣蔵《かなでほんちゅうしんぐら》」の勘平、「近江源氏先陣館《おうみげんじせんじんやかた》」の盛綱《もりつな》、「石切梶原《いしきりかじわら》」の梶原平三景時《へいぞうかげとき》、「青砥稿花紅彩画《あおとぞうしはなのにしきえ》」の弁天小僧、「与話情浮名横櫛《よわなさけうきなのよこぐし》」の切られ与三郎《よさぶろう》、「天衣紛上野初花《くもにまごうえのはつはな》」の直侍《なおざむらい》、「曾我綉侠御所染《そがもようたてしのごしょぞめ》」の御所五郎蔵《ごしょのごろぞう》な

67　十一代目市川團十郎襲名披露口上　十一代目のにらみ（写真　松竹株式会社）

ど、一世を風靡《ふうび》した十五代目市村羽左衛門が得意にしていた役々を演じ、文字どおり昭和歌舞伎の花を代表する役者だった。立派な顔だち、鋭い目に一種の凄みがあり、どこかに陰《かげ》のある容姿が魅力的だった。だから「東海道四谷怪談」の民谷伊《たみやい》右衛《え》門《もん》や「かさね」の与右衛門のような冷酷な色《いろ》悪《あく》もよく似合った。「敵討天下茶屋聚《かたきうちてんがぢややむら》」の敵役《かたきやく》東間三郎右衛門や「曾我綉俠御所染」の星影土右衛門、「時今也出世請状《ときはいましゆつせのうけじよう》」（馬盥《ばだらい》）の明智光秀など、スケールの大きい敵役も好演している。十一代目はただ明るく健康的ではなやかな美貌役者なのではなく、近代的な憂愁、陰影、毒、非情、孤独をも表現できる屈折した美しさを備えていた。そこが他の役者の追随を許さない、彼だけが備えていた天賦の容姿であり、才能でもあったのである。

　そのユニークな才能は、新作狂言にも遺憾なく発揮された。加藤道夫作の「なよたけ」、大佛《おさらぎ》次

68「助六由縁江戸桜」 十一代目團十郎の助六 （写真 松竹株式会社）

郎作の「若き日の信長」「江戸の夕映《ゆうばえ》」「築山殿始末《つきやまどのしまつ》」「魔界の道真」などの他、美貌を生かした舟橋聖一作「絵島生島」の生島新五郎も好演であった。

十一代目の芸は、けっして器用なタイプとはいえなかったが、誠実な人柄を反映し、格調の高い熱演型であった。声が大きく、調子がよかった。したがって、直情的に激しい感情のほとばしり出る役にもっともすぐれていた。同時に「寿曾我対面《ことぶきそがのたいめん》」の工藤祐経や「忠臣蔵」の大星由良之助《ゆらのすけ》の役に見せた貫禄の立派さは、「歌舞伎の座頭役者」というもののように思われた。

十二代目（一九四六〜二〇一三）

荒磯会《あらいそかい》での修行

十二代目團十郎は昭和二十一年（一九四六）八月六日、十一代目の長男として生まれた。本名は堀越夏雄。昭和二十八年十月歌舞伎座の「九世市川團十郎五十年祭」の公演に、市川夏雄と名のり、「大徳寺」の三法師君で父海老蔵《えびぞう》（後の十一代目）の羽柴秀吉に抱かれて初舞台を踏んだ。七歳だった。子役時代には「寺子屋」の小太郎、「盛綱陣屋《もりつなじんや》」の小四郎などを勤め、成田屋の御曹司《おんぞうし》として人気があった。三十三年（一九五八）五月の歌舞伎座で「風《かぜ》薫鞍馬彩《かおるくらまのいろどり》」の牛若丸を勤め、六代目市川新之助を襲名（十一歳）した。三十七年四月、父が十一代目團十郎を襲名する。この時、父の「助六」に福山のかつぎを演じた。

翌三十八年七月、團十郎一門による「荒磯会」が始まり、新之助は「勧進帳《かんじんちょう》」の弁慶を初役で演じた。この会は十一代目團十郎が自弁で始めた勉強会で、没後の第三回からは新之助が主宰を引き継いだ。四十年六月の東横ホール（東横劇場）では「寺子屋」の松王丸を演じた。その十一月十日、父十一代目が亡くなる。新之助は十九歳の若さだった。最高の指導者であるとともに、力強い後ろ楯でもある父を失ったことの衝撃は非常に大きかったに違いない。十一代目からは、「楷書の芸をするように」と教育されたが、実際に手を取って指導を受けたのは弁慶と松王丸だけだったと言う。新之助はそのショックから立ち直って、厳しい環境にめげず修行に励んだ。

三十九年から東横ホールが若手役者たちの勉強の場になり、新之助はほぼ同年輩の菊之助（後の七代目菊五郎）、辰之助（一九八七年没）との共演の機会が多くなり、御曹司三人の清新な活躍が「三之助ブーム」と持てはやされるようになった。年一回の荒磯会と東横ホールの公演で、新之助は「与話情浮名横櫛《よわなさけうきなのよこぐし》」の与三郎、「御所五郎蔵《ごしょのごろぞう》」の五郎蔵、「若き日の信長」の信長、「勧進帳」の富樫《とがし》、「石切梶原」の梶原平三、「車引《くるまびき》」の松王丸、「鳴神《なるかみ》」の鳴神上人《しょうにん》など、十一代目が得意にしていた大役を次々に演じて修行を重ね、次第に演技の実力を身につけていった。この間、四十二年八月に国立劇場（小劇場）で催した第四回荒磯会では「櫓太鼓成田仇討《やぐらだいこなりたのあだうち》」を復活上演し、桂川力蔵と不動明王を演じている。團十郎家に由縁深い不動明王である。荒磯会は四十八年八月の第七回で終わったが、若い新之助にとっては重要な勉強の場であった。

四十四年（一九六九）十一月の歌舞伎座で、世人待望の十代目市川海老蔵を襲名し、披露興行に「助六」と「勧進帳」の富樫を好演し、将来を大いに期待させた。この披露狂言の役は、父が十一代目團十郎を襲名した時とまったく同じだった。四十六年ごろから、新橋演舞場で年に一度若手の花形役者による興行があった。海老蔵はここで坂東玉三郎、尾上菊五郎、片岡孝夫（十五代目仁左衛門《にざえもん》）、中村吉右衛門《きちえもん》ら人気も実力もある花形役者たちと競演した。美貌の人気女形玉三郎との共演が「海老・玉コンビ」と呼ばれたこともあった。五十二年（一九七七）十二月、長男孝俊（後の七代目新之助）が誕生した。

これ以後の活躍はまことに目ざましく、単に甘いマスクの二枚目役者と言うにとどまらず、芸の大きさと風格が見えるようになってきた。そして、次代の歌舞伎を担う中堅俳優としての地位を確実なものにしたのである。若い頃からとかく口跡《こうせき》の難が指摘されていたが、主として義太夫の熱心な稽古によって、その欠点を克服していったのは立派だった。

世界にアピールした團十郎襲名

六十年（一九八五）四月、歌舞伎座ではなばなしく十二代目團十郎を襲名した。三十八歳だった。歌舞伎界の総力をあげての賑々しい襲名披露興行は四、五、六月の三ヵ月にわたって行われた。新・團十郎は「助六由縁江戸桜《すけろくゆかりのえどざくら》」の助六、「勧進帳」の弁慶、「暫《しばらく》」の鎌倉権五郎景政（図69）、「鳴神」の鳴神上人、「若き日の信長」の信長など、「家の芸」の荒事《あらごと》の役を中心に、「花の團十郎」の誕生を世間に示した。興行は大好評で、これを機に歌舞伎人気が沸き返った。五月の興行の中に「歌舞伎十八番の内　外郎売《ういろううり》」が含まれていた。この狂言で、息子の孝俊（七歳）が七代目新之助を襲名し、貴甘坊《きかんぼう》の役で初舞台を踏んでいる。團十郎襲名披露興行に併せて各種の展覧会も催され、伝統的な歌舞伎の中に「市川團十郎」が占めている特別な大きさが、次第に歌舞伎から縁遠くなった現代の人々にもあらためて理解され、認識されたのだった。

海外公演においても、十二代目市川團十郎襲名披露興行と銘打った興行が行われ、團十郎の誕生は国際的に承認され、喝采を浴びた。市川團十郎の名跡の相続・襲名の行事が歌舞伎界あげての慶事であることを、世界に向かってアピールしたのであった。これは十二代目以前の團十郎には一度もなかったことである。

襲名披露興行は、一九八五年七、八月、アメリカの三都市（ニューヨーク・ワシントン・ロサンゼルス）で行われた。新團十郎は「暫」を演じ、「口上」で挨拶を述べた。團十郎は「海外でも襲名口上があるのをうれしく思っています。アメリカで、襲名がどんなものか理解してもらうよう努力します。もっとも市川家の襲名には〝にらみ〟などもあり、むこうで客席の方をにらんで、どんな反響があるのか、とにかく研究します」と抱負を語っていた（事前の記者会見）。訪米公演は大好評だったという。

かつて二代目團十郎の名声が外国に響き渡っていたという逸話があった。中国から渡来した僧が、日本に市川團十郎《スウツエンドバンシラン》という力者があるかと尋ねたというのである。また、漂流した二十人の漁師がトルコで十年あまりも過ごしたが、三人だけが帰国した。その人の話で、トルコで悪魔除けとして、棚に市川團十郎の「暫」の絵を祀っていたと言う。二つの話はともに伝説の域を出るものではないが、市川團十郎の名が日本だけではなく外国にも知れ渡っていたことを夢想した二代目團十郎ファンによって作られた話とみることは許されるだろう。

69　十二代目團十郎襲名披露興行　「暫」鎌倉権五郎景政　（写真　松竹株式会社）

アメリカで團十郎襲名披露をするようになろうとは、あの旅行好きの七代目もまったく想像できなかったことに違いない。

にらむ見得《みえ》

市川團十郎の家には「口上」の時に使う独特の扮装がある。衣裳は柿色に三升《みます》の紋の裃《かみしも》、鬘《かつら》はぴんと立てた「まさかり」の髷《まげ》のものを用いるのである。さらに、團十郎家の襲名披露の「口上」の時には「吉例によってひとつにらんでお目にかけます」と、左手に三方《さんぼう》を捧げ持ち、右足を一歩踏み出して、きっとにらむ見得をする。江戸時代中期の五代目團十郎が「口上」でこれを演じた記録があるから、相当古い時代からの代々の伝承なのであろう。七代目の大きい眼は有名だが、九代目も十一代目も大きかった。十二代目の眼も大きくて眼光鋭く「にらみ」が利く。荒事の見得と「にらむ」演技は一体のものであり、ここにも團十郎の家の芸の伝承があった。それは不動尊像のにらみであった。十一代目の何とも言えぬ「にらみ」(図67)の貫禄に比べて、海老蔵の襲名披露口上の時には幼さが見えたが、八代目が「お父つあんりきんでもよいか花の幕」と詠んだ心意気に通うものだった。十二代目襲名披露口上の時のにらみは、堂々たる座頭役者になった團十郎の自信にあふれた風姿、存在感と、父に負けぬ貫禄が備わっていた。

「荒事は子どもの心で演じよ」という口伝《くでん》がある。たしかに荒事に理屈は必要でなく、無邪気に暴れる稚気と力動感こそ大切である。歌舞伎十八番の「暫」の主人公のつらねの中にししばしば「当年積もって十八歳」とあるように、荒事師は荒若衆《あらわかしゅ》であることを条件にしたらしい。だから代々の團十郎は幼い頃から荒事を演じ、にらんできたのである。

身に備わった團十郎ぶり

平成四年（一九九二）八月、歌舞伎座で、元禄十六年（一七〇三）の初演以来一度も上演されなかった「成田山分身不動《ふんじんふどう》」を復活上演して話題を呼んだ。彼は演出にも加わり、元禄古劇の雰囲気を復元すべく努力していた。歌舞伎十八番物の上演にも意欲的である。たとえば「牢破りの景清」を復活し、「雷神不動北山桜《なるかみふどうきたやまざくら》」（平成八年一月、国立劇場）には鳴神上人、粂寺弾正《くめでらだんじょう》、不動明王の三役を演じている。一万人コンサートと銘打った「世界劇・眠り王」（両国国技館）を演出、出演するといった新しい試みに積極的なところを見せた。新派の公演にも参加している。昭和六十三年に日本芸術院賞を受賞した。

十二代目は礼儀正しく、真面目な努力家で、芸の創造に対する積極性と激しい意欲を持ち合わせている。どんな役でも先輩から教えられた型や演出を守りながら、自身でよく考えた役づくりをしている。今や十二代目團十郎は押しも押されもせぬ平成歌舞伎の座頭役者である。ゆったりとしたおおらかな芸と、花道へ出ただけであたりが明るくなるような花のある風姿が、他の役者の追随を許さぬこの人の魅力的な持ち味である。それでいて、寂しい感じや憂愁、孤独の影を表現することもできる。役によっては意外な滑稽味《こっけいみ》も発揮する。「助六」、「勧進帳」の弁慶、「暫」の鎌倉権五郎景政、「鳴神」の鳴神上人、「矢の根」の曾我五郎などお家の荒事に見る芸格の大きさ、「忠臣蔵」の大星由良之助《ゆらのすけ》、「源平布引滝《げんぺいぬのびきのたき》」の斎藤実盛《さねもり》、「一谷嫩軍記《いちのたにふたばぐんき》」の熊谷直実などの実事《じつごと》に見せる貫禄、世話物に見せる生真面目さや崩れた人間の弱さなど、十二代目はなかなか芸域が広い。このことは七代目とともに團十郎代々の中でも群を抜いているように思う。彼は十八番物の復活や、上演の絶えている古狂言の復活上演にも並々ならぬ情熱を抱き、意欲を見せている。心強いかぎりである。

今後の十二代目には、市川宗家《そうけ》として「家の芸」の伝承と創造に重い責任があるのは当然のことだが、それに加えて平成歌舞伎のリーダーの一人として、二十一世紀の歌舞伎をしっかりと支えてくれる後継者の育成にも力を注いでもらいたいと願っている。

七代目市川新之助（一九七七〜）

歌舞伎の将来に向かって

市川宗家《そうけ》の御曹司《おんぞうし》である新之助には、二十一世紀の歌舞伎を中心になって背負っていく宿命とともに重大な責任が課せられている。祖父十一代目團十郎によく似た美貌とさわやかな容姿の印象が、しだいに演技の実力をつけて人気を得るようになり、これからの成長が楽しみになってきた。かつて五代目團十郎に対して「祖父栢莚《はくえん》（二代目團十郎）の若盛りを見るようだ」という好意的な評判があったように、現在のところ新之助には「十一代目そっくり」という評が圧倒的で、十一代目を知る往年の「海老さまファン」からも、また十一代目を知らぬ若い歌舞伎ファンからも愛されて育っている。父の十二代目には比較的早く父親の後ろ楯を失ったための苦労があったと思われるが、新之助は当代を代表する役者十二代目の庇護のもと、恵まれた道を悠々と歩いている。本当の苦労は、むしろこれからである。

新之助は、昭和五十二年（一九七七）十二月六日、十二代目團十郎の長男として生まれた。本名堀越孝俊。五十八年五月歌舞伎座の「源氏物語」に春宮の役で初御目見得をした後、六十年（一九八五）五月、父が十二代目團十郎を襲名した歌舞伎座の披露《ひろう》公演に、七代目市川新之助を襲名した。「外郎売《ういろううり》」に貴甘坊《きかんぼう》の役で初舞台を踏み、父の團十郎と共演し、長い外郎売の言立《いいたて》をみごとにこなして喝采を得た。七歳だった。美貌役者の典型だった八代目が團十郎を襲名した時は十歳だった。その八代目は父の「助六」に外郎売藤吉の役で出て、喝采を浴びている。「外郎売」は若い團十郎家の役者にとっての出世芸なのである。

以後は辰之助、菊之助とともに「新・三之助」と呼ばれ、平成歌舞伎の若手花形役者として着実に成長している。とくに平成十一年（一九九九）以降の活躍ぶりには目をみはるものがある。「勧進帳」の弁慶と「寺子屋」の源蔵（一月、浅草公会堂）、「寺子屋」の松王丸（二月、大阪松竹座）、「若き日の信長」の信長と「勧進帳」の富樫《とがし》（四月、御園座）と、市川家にとっての「家の芸」と言うべき大役を立て続けに初役で演じた。それ以前、すでに「切られ与三郎」（平成九年・一九九七、三越劇場）や「弁天小僧」（平成十年、国立劇場）も演じていた。そして、平成十二年正月新橋演舞場における初役の「助六由縁江戸桜《すけろくゆかりのえどざくら》」の助六（「十一代目市川團十郎三十五年祭」と銘打った狂言）である。中村雀右衛門《じゃくえもん》の揚巻《あげまき》、市川左團次の意休《いきゅう》を相手にして、いかにも若々しく花のある役者ぶりを披露し、まさしく十一代目の再来と観客の喝采を浴びた（図70）。この成功によって、過熱する人気が先行するのではなく、確実に芸の実力をつけていることを証明するとともに、彼が團十郎家の後継者にふさわしい逸材であることを人々に納得させた。その意味で記念すべき「助六」上演であっ

70 「助六由縁江戸桜」 七代目新之助の助六 （写真 松竹株式会社）

た。さらに「鳴神」と「築山殿始末《つきやまどのしまつ》」の信康を演じた（平成十三年九月、新橋演舞場）。平成四年（一九九二）八月二十六日、團十郎の自主公演「成田山分身不動《ふんじんふどう》」（歌舞伎座）の大《おお》切《ぎり》では、親の十二代目と並んで二人不動を見せてもいる。こうして新之助は、團十郎の「家の芸」を一つずつ着々と身につけている。

平成十二年五月、同十三年五月には瀬戸内寂聴訳による「源氏物語」の光君を演じ、美貌役者ぶりを強烈にアピールした。光君の役は、終戦直後の昭和二十年代に舟橋聖一訳で海老蔵時代の十一代目團十郎が勤めて大好評を博し、いわゆる「海老さまブーム」をまき起こした由縁《ゆかり》の役であり、これにもしっかりと合格点を取った。新・三之助揃っての、平成の「源氏物語」だった。

新之助は新しいジャンルや領域に挑戦することにも意欲的である。これには当然父の理解、応援があってのことであろう。平成二年（一九九〇）三月、青山劇場のミュージカル「ライル」にジョッシュの役で出演、同三年八月の「スタンド・バイ・ミー」にはりっぱに主演をこなした。平成十一年四月、父とともに一万人コンサート「世界劇・眠り王」（両国国技館）にも大伴の大納言の役で出演した。

すでに平成十六年の十一代目海老蔵襲名が予告されている。早くもかつての「海老さまブーム」再来を予言する声も聞こえる。若獅子新之助の将来は洋々たるものがある。「平成の三之助」が三人揃って成長し、二十一世紀の歌舞伎をリードするのはそれほど遠くはあるまい。彼はいずれは十三代目團十郎になることを宿命づけられた役者である。いずれも名優だった代々の團十郎に恥じぬ、りっぱな役者になってもらいたい。そして團十郎の代々がそうであったように、日常生活の場にあっても教養のある人格者になってほしい。好漢の自重を望むとともに、絶えざる修行と研鑽《けんさん》を期待したいものである。

市川團十郎家系図

初代 市川團十郎
本姓堀越
幼名海老蔵(初代)
俳名才牛
堀越重蔵(十蔵)の子
屋号成田屋
元禄一七・二・一九(45)没

栄光尼
寛延三・一〇・八没

二代 團十郎
初名九蔵
後名海老蔵(二代目)
子　俳名三升・栢莚・才牛斎
通称成田屋重兵衛
宝暦八・九・二四(71)没

さい
俳名翠扇
安永四・七・四没

門弟
初代市川團蔵

門弟
初代市川團四郎

門弟
三升屋助十郎
享保一〇・三・二六没

子
市川助太郎(二代目市川團十郎養子)
(後の三代目團十郎)

(八代目市村羽左衛門の娘)
きく
安永二・六・一三没

三代 團十郎
養子(三升屋助十郎の子)
幼名助太郎
前名升五郎
俳名三升・徳弁
寛保二・二・二七(22)没

四代 團十郎
初名松本七蔵
前名松本幸四郎(二代目)
後名松本幸四郎(再)
後名市川海老蔵(三代目)
俳名海丸・五粒・三升・
栢莚・夜雨庵
養子(庶子)
安永七・二・二五(68)没

いぬ
(二代目團十郎姪)

まつ
(後妻・瀬川菊次郎未亡人)

女
かめ
俳名梅旭

五代 團十郎
幼名梅丸
初名松本幸蔵
前名松本幸四郎(三代目)
後名市川鰕蔵
狂歌号花道つらね
俳名梅童・男女川・三升・
子　白猿・反古庵
隠居名成田屋七左衛門
文化三・一〇・三〇(66)没

後妻
(二代目市川八百蔵未亡人)
るや

二女（堺町芝居茶屋和泉屋勘十郎養女）
すみ

幼名徳蔵
前名海老蔵（四代目）
俳名三升
養子（庶子）
六代 團十郎
寛政一一・五・一三(22)没

子
桃太郎
安永五・一〇・五(8)没

幼名小玉
初名新之助（初代）
前名ゑび蔵（五代目）
後名海老蔵
俳名三升・白猿・夜雨庵・
寿海老人子福者・二九亭
養子（五代目二女すみの子）
七代 團十郎
安政六・三・二三(69)没

（五代目松本幸四郎長女）
しな
（四代目澤村宗十郎未亡人）
こう
（のち離縁）
後妻
すみ
（妾）
さと
（妾）
ため

初名新之助（二代目）
前名海老蔵（六代目）
俳名団栗・三升・夜雨庵
長男（すみの子）
八代 團十郎
嘉永七・八・六(32)没

二男（すみの子）
重兵衛（俳優廃業）

三女（すみの子）
ます
明治四・一一・一九没

初名市川新之助（三代目）
前名市川高麗蔵（七代目）
前名市川新升
前名市川白猿
三男（妾さとの子）
七代目市川海老蔵
明治七・七・一三(42)没

四男（妾ための子）
市川猿蔵
安政二・九・二八(21)没

※

※
ます（九代目の妾）

本名堀越秀
初名河原崎長十郎
前名河原崎権十郎
前名河原崎権之助（七代目）
前名河原崎三升
俳名紫扇・團洲・三升・寿海・夜雨庵
五男（妾ための子）
九代 團十郎
明治三六・九・一三(66)没

六男（妾ための子）
市川幸蔵（のち俳優廃業）
明治八没
――あかん平（九代目團十郎養子）

本名堀越寿
初名あかん平
前名新之助（四代目）
前名猿蔵
七男（妾ための子）
八代目市川海老蔵
明治一九・一一・一二(42)没

養子（のち不縁　八代目片岡仁左衛門）
新之助

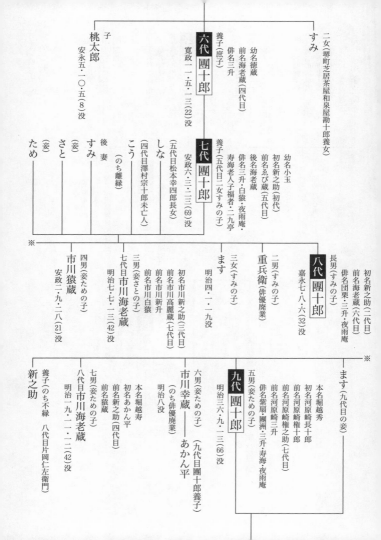

養子(幸蔵の子)
あかん平
明治一〇・九・六(13)没

長女 本名堀越実子
二代目市川翠扇
昭和一九・一〇・二二(64)没

本名堀越福三郎
初名堀越福三郎
養子前名市川三升(五代目)
十代 團十郎(追贈)
昭和三一・二・一(73)没

二女 本名堀越扶伎子
二代目市川旭梅
昭和二二・五・二六(65)没

本名堀越柳吉
初名市川桃丸
前名市川小若
前名市川小文次
(八代目海老蔵養子)
五代目市川新之助
昭和三一・一・一三(73)没

本名堀越治雄
初名松本金太郎
前名市川高麗蔵(九代目)
前名市川海老蔵(九代目)
養子(七代目松本幸四郎長男)
十一代 團十郎
昭和四〇・一一・一〇(56)没

本名堀越貴久栄
前名市川紅梅
三代目翠扇
昭和五三・九・二七(64)没

本名堀越夏雄
初名市川夏雄
前名市川新之助(六代目)
長男 前名市川海老蔵(十代目)
十二代 團十郎
平成二五・二・三(66)没

本名堀越孝俊
長男 前名市川新之助(七代目)
十一代目海老蔵(現)
昭和五二・一二・六生

長男
堀越勸玄
平成二五・三・二二生

(二〇二〇年二月 現在)

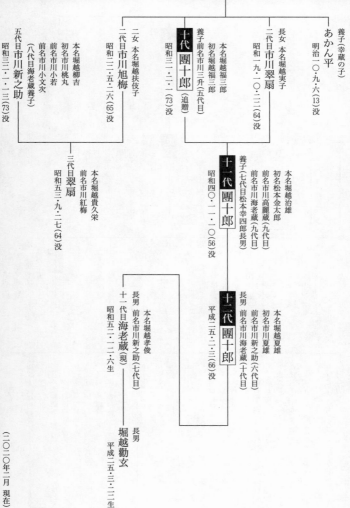

市川團十郎年表

◆は芸能関係事項、＊は一般事項

元号	**西暦**	**團十郎関係事項**
慶長八	一六〇三	◆京都で出雲のお国、歌舞伎踊りを始める。　＊徳川家康江戸に幕府を開く。
慶長一二	一六〇七	◆お国、江戸城内で勧進歌舞伎を催す。
		◆京の六条三筋町の遊女たちも加わり、諸地方で女歌舞伎盛行。「遊女歌舞伎」の称も行われる。
元和一	一六一五	＊大坂夏の陣、豊臣氏滅亡。
元和九	一六二三	＊徳川家光、三代将軍となる。
寛永一	一六二四	◆猿若勘三郎、江戸に下り、中橋南地に猿若勘三郎座（のちの中村座）の櫓をあげる。
寛永六	一六二九	◆幕府、女歌舞伎、女浄瑠璃などの女性芸能を一切禁止。若衆歌舞伎が主流となる。
寛永一一	一六三四	◆京の初代村山又三郎が江戸に村山座をたてる。のちに市村宇左衛門が興行権を譲り受けて市村座となる（寛文七年ごろ）。＊このころ、男伊達を売り物にする「かぶき者」横行。
寛永一六	一六三九	◆女歌舞伎実質上の終焉。＊鎖国令制定。
承応一	一六五二	◆若衆歌舞伎禁止。翌年野郎歌舞伎として再開。
明暦三	一六五七	＊明暦の大火、新吉原に遊廓移る。
万治二	一六五九	◆右近源左衛門江戸に下り、小舞で評判となる。
万治三	一六六〇	**初代團十郎生まれる。**
		◆（摂津の人）森田太郎兵衛、江戸木挽町に森田座を創設。
		◆このころ、金平浄瑠璃江戸で大流行。

寛文四	一六六四	◆江戸市村座、大坂荒木与次兵衛座で「続き狂言」始まる（ともに通説）。
延宝一	一六七三	**初代、「四天王稚立」に坂田公時を演じて荒事の創始との説。**
延宝六	一六七八	◆初代坂田藤十郎、大坂で「夕霧名残の正月」上演（近松門左衛門作）。 ◆『古今役者物語』（菱川師宣画）刊。
延宝七	一六七九	＊吉原三浦屋の小紫とのロマンスで有名な平井権八が鈴ケ森で磔の刑に処される。
延宝八	一六八〇	**初代、「遊女論」に不破初演。** ◆富永平兵衛はじめて「狂言作り」として番付に名をのせる。
天和二	一六八二	＊井原西鶴『好色一代男』刊（浮世草子の始め）。
貞享一	一六八四	**初代、「門松四天王」に鳴神初演。** ◆初代竹本義太夫、大坂道頓堀に竹本座を創設。
貞享二	一六八五	**初代、「金平六条通」の坂田金平の役で荒事の創始との説。** ◆近松門左衛門「出世景清」上演。この作以後の浄瑠璃を当流浄瑠璃とし、それ以前の作を古浄瑠璃と呼ぶ。
貞享四	一六八七	＊将軍綱吉「生類憐みの令」を施行。
元禄一	一六八八	**二代目團十郎生まれる。**
元禄二	一六八九	＊幕府から風俗・遊戯などを規制する触れが出される。 ＊松尾芭蕉奥州路に旅立つ（『奥の細道』の旅）。
元禄三	一六九〇	◆初代鳥居清元が江戸に下り、市村座の絵看板を描くようになったと伝える。
元禄四	一六九一	**初代、坂田金平の役で「日本市川」と誇称す（『役者願紐解』による）。**
元禄六	一六九三	**初代、妻子を伴い京に上る。**＊井原西鶴没。
元禄七	一六九四	◆浮世絵の確立者菱川師宣没。＊松尾芭蕉、大坂で没。

元禄八	一六九五	**初代、「一心二河白道」に不動上演。**
元禄九	一六九六	＊下野佐野の商人次郎左衛門が吉原の遊女八橋との痴話喧嘩の果てに惨殺、茶屋にこもる。
元禄一〇	一六九七	**初代、「参会名護屋」に暫初演。不破上演。** **初代、「兵根元曾我」に曾我五郎上演。**
元禄一二	一六九九	**初代、「一心五界玉」に嫐初演。** ◆『役者口三味線』刊。役者評判記の定型できる。 ◆坂田藤十郎、近松門左衛門作「傾城仏の原」上演。
元禄一三	一七〇〇	◆鳥居清信『風流四方屛風』刊。
元禄一四	一七〇一	**初代、「傾城王昭君」に象引初演。** ＊江戸城松の廊下で浅野内匠頭長矩が吉良上野介義央に斬りつける刃傷事件起こる。
元禄一五	一七〇二	**初代、「星合十二段」に弁慶上演。** ＊赤穂浪士四十七人吉良邸へ討ち入り、翌年切腹。
元禄一六	一七〇三	**初代、「成田山分身不動」に不動上演（初代の胎蔵界の不動・九蔵〈二代目〉の金剛界の不動）。** ＊大坂曾根崎天神の森で、醤油屋の手代徳兵衛と堂島新地天満屋抱えのお初が心中。 ◆大坂竹本座で人形浄瑠璃「曾根崎心中」初演、世話浄瑠璃の始め。 ◆豊竹若太夫、大坂道頓堀に豊竹座を創設。
元禄一七	一七〇四	**初代、刺殺される。** **二代目團十郎襲名。**
宝永六	一七〇九	◆初代坂田藤十郎没。
正徳一	一七一一	**四代目團十郎生まれる（幼名七蔵）。**
正徳三	一七一三	**二代目、「花館愛護桜」に助六初演。**

正徳四	一七一四	◆絵島生島事件により山村座廃絶。以後江戸三座となる。
正徳五	一七一五	◆初代竹本義太夫没。 ◆大坂竹本座で近松門左衛門作「国性爺合戦」初演、十七ヵ月のロングラン、ただちに歌舞伎化される。
享保一	一七一六	＊徳川吉宗八代将軍となり、享保の改革始まる。
享保三	一七一八	二代目、「若緑勢曾我」に外郎売初演。
享保四	一七一九	二代目、「開闢月代曾我」で徳兵衛と曾我五郎の二役を演じる。
享保五	一七二〇	二代目、「楪根元曾我」に矢の根の原型初演。
享保六	一七二一	三代目團十郎生まれる（幼名助太郎）。
享保八	一七二三	◆歌舞伎・浄瑠璃の心中物禁止される。
享保九	一七二四	◆近松門左衛門没。 ◆このころ、江戸の歌舞伎劇場、三座とも全蓋式になり、花道も常設になる。
享保一二	一七二七	二代目、「国性爺竹抜五郎」に押戻上演。 三代目（升五郎）初舞台、「八棟太平記」の正行を勤める。
享保一三	一七二八	『金之揮』刊。
享保一四	一七二九	二代目、「扇恵方曾我」に矢の根上演。 ◆初代芳沢あやめ没。
享保一七	一七三二	二代目、「大銀杏栄景清」に牢破りの景清初演。
享保一八	一七三三	二代目、「相栄山鳴神不動」に毛抜の原型初演か。
享保一九	一七三四	◆初代宮古路豊後掾江戸に下る。これより江戸で豊後節浄瑠璃が大流行する。＊紀伊国屋文左衛門没。

享保二〇	一七三五	三代目團十郎襲名。二代目は海老蔵と改名。 松本七蔵（四代目）、二代目松本幸四郎襲名。
元文二	一七三七	海老蔵（二代目）、「閏月仁景清」に関羽初演。
元文五	一七四〇	海老蔵（二代目）、「姿観隅田川」に七つ面初演。
寛保一	一七四一	海老蔵（二代目）、三代目とともに大坂に上る。 五代目團十郎生まれる（幼名梅丸のち松本幸蔵）。
寛保二	一七四二	海老蔵（二代目）、大坂佐渡島座で「雷神不動北山桜」に鳴神・毛抜・不動上演。 三代目團十郎没。 ◆紀海音没。
延享三	一七四六	◆大坂竹本座で「菅原伝授手習鑑」初演、上方で人形浄瑠璃全盛。 ◆このころ、人形浄瑠璃の歌舞伎化上演が相次ぐ。
延享四	一七四七	◆大坂竹本座で「義経千本桜」初演。 ◆常磐津節生まれる。
寛延一	一七四八	◆大坂竹本座で「仮名手本忠臣蔵」初演。 ◆富本節生まれる。
寛延二	一七四九	海老蔵（二代目）、三度目の助六上演。ほぼ現行の様式にまとまる。 ◆江戸三座で「忠臣蔵」競演、歌舞伎ファン熱狂。
宝暦三	一七五三	◆長唄舞踊「京鹿子娘道成寺」初代中村富十郎により初演、女形による長唄舞踊流行。 ◆江戸中村座で初めて曾我祭りを催す。
宝暦四	一七五四	海老蔵（二代目）、「百千鳥艶郷曾我」に分身鏃五郎（矢の根）上演、大当たりを記念して中村座が奈良西大寺に絵馬奉納。

		四代目團十郎襲名。 松本幸蔵（五代目）、三代目松本幸四郎襲名。
宝暦八	一七五八	海老蔵（二代目）没。 ◆並木正三作「三十石艠始」初演、大坂道頓堀（角）の芝居で回り舞台を工夫する。
宝暦一〇	一七六〇	四代目、「曾我万年柱」に「鐘入解脱衣」（解脱）初演。
宝暦一三	一七六三	四代目、「百千鳥大磯流通」に蛇柳初演。
明和二	一七六五	◆人形浄瑠璃の豊竹座退転。 ＊江戸で絵暦の交換会が催される。錦絵の誕生（鈴木春信）。
明和三	一七六六	このころ、四代目「修行講」を開く。 ◆初代中村仲蔵「忠臣蔵」の定九郎に新演出。
明和四	一七六七	◆人形浄瑠璃の竹本座退転。
明和七	一七七〇	五代目團十郎襲名。四代目は二代目幸四郎の旧名に戻る。
明和九	一七七二	『古今役者論語魁』刊。 二代目幸四郎（四代目團十郎）、三代目海老蔵襲名。
安永二	一七七三	◆「御摂勧進帳」（初代桜田治助作）初演。 ◆初代並木正三没。
安永三	一七七四	海老蔵（四代目）、「御誂染曾我雛形」に鎌髭初演。
安永五	一七七六	海老蔵（四代目）、「寺子屋」の松王を一世一代として勤めて引退。 ◆『役者論語』刊。
安永六	一七七七	◆「伽羅先代萩」初演。
安永七	一七七八	海老蔵（四代目）没。 六代目團十郎生まれる（幼名徳蔵）。

安永八	一七七九	＊各地で春の大雪、長雨、火事、疫病など災害多発。桜島三百年ぶりの大噴火。＊平賀源内獄中に死す。
安永九	一七八〇	◆『役者夏の富士』（勝川春章画）刊。
天明二	一七八二	**徳蔵、四代目海老蔵襲名。**＊西日本から天明の飢饉始まる。
天明三	一七八三	◆近松半二没。＊浅間山空前の大爆発。 ＊天明の大飢饉東日本を襲う。＊各地で打ちこわし頻発。
天明四	一七八四	◆初代中村仲蔵、「関の扉」初演。
天明六	一七八六	＊田沼意次失脚。
天明七	一七八七	＊松平定信が老中となり、寛政の改革始まる。
寛政二	一七九〇	**五代目團十郎、甲府亀屋座に出演。**＊寛政異学の禁。 ◆初代中村仲蔵没。
寛政三	一七九一	**七代目團十郎生まれる（幼名小玉）。**＊喜多川歌麿の大首絵の出現。 **六代目團十郎襲名（前名海老蔵）。五代目は鰕蔵と改名、白猿と号す。** ◆初代並木五瓶、三代目澤村宗十郎とともに江戸に下る。
寛政六	一七九四	**市川新之助（七代目團十郎）、初舞台。** ◆初代歌川豊国の代表作「役者舞台之姿絵」刊。 ◆東洲斎写楽、寛政七年一月まで役者絵をつぎつぎと発表。
寛政八	一七九六	**新之助（七代目）、六歳で初役の「暫」上演。鰕蔵（五代目團十郎）、一世一代の暫と山姥の分身を勤めて反古庵に隠居、成田屋七左衛門と称す。** ◆「隅田春妓女容性」（並木五瓶作）初演。江戸で一番目と二番目とを別名題にする

		ことを始める。
寛政一一	一七九九	**六代目團十郎没。**
寛政一二	一八〇〇	**七代目團十郎襲名（前名市川ゑび蔵）。** ◆四代目岩井半四郎没。
享和二	一八〇二	**鰕蔵（五代目）、請われて最後の舞台を勤める。** ＊十返舎一九『東海道中膝栗毛』刊行始まる。
文化一	一八〇四	◆「天竺徳兵衛韓噺」初演（初代尾上松助主演三役早替わり）、四代目鶴屋南北の出世作となる。以後文政末まで南北の世話狂言がもてはやされる。
文化三	一八〇六	**鰕蔵（五代目）没。** ＊初代喜多川歌麿没。 ◆初代桜田治助没。
文化五	一八〇八	◆三代目坂東三津五郎、三代目中村歌右衛門の変化舞踊の競演。このころ変化舞踊盛行する。 ◆初代並木五瓶没。
文化六	一八〇九	＊式亭三馬『浮世風呂』初編刊行。
文化八	一八一一	**七代目、初役の「助六」上演。** ◆立川談洲楼（烏亭焉馬著）『花江都歌舞妓年代記』（初・二編）刊。
文化一一	一八一四	◆清元節生まれる。
文化一二	一八一五	**七代目、「慙紅葉汗顔見勢」に一人十役を勤める。** ◆このころ、早替わり流行。 ◆鳥居清長没。
文化一四	一八一七	◆四代目鶴屋南北作「桜姫東文章」初演。五代目岩井半四郎、五代目松本幸四郎ら活躍。

文政六	一八二三	八代目團十郎生まれる（幼名新之助）。
文政八	一八二五	新之助（八代目團十郎）、三歳で六代目海老蔵を襲名。◆「東海道四谷怪談」「盟三五大切」南北作初演。南北の生世話がもてはやされる。
文政一二	一八二九	◆四代目鶴屋南北没。＊柳亭種彦の合巻『偐紫田舎源氏』刊行始まる。挿絵は歌川国貞（三代豊国）。
天保三	一八三二	八代目團十郎襲名（前名六代目海老蔵）、初役の「暫」上演。七代目團十郎は海老蔵に戻る。この時七代目は「歌舞妓狂言組十八番」（のちの歌舞伎十八番）公表の摺物を出版。
天保四	一八三三	＊歌川広重の「東海道五十三次」版行。＊この年より天保の大飢饉始まる。
天保七	一八三六	＊天保の全国的大飢饉。
天保八	一八三七	七代目團十郎「嫐」上演。＊大塩平八郎の乱。
天保九	一八三八	九代目團十郎生まれる（本名堀越秀）。河原崎権之助の養子となり、長十郎を名乗る。◆五代目松本幸四郎没。
天保一一	一八四〇	海老蔵（七代目）、「勧進帳」初演、松羽目物の始まり。海老蔵の弁慶・八代目の義経。（初代團十郎の百九十年記念興行）。
天保一二	一八四一	◆天保の改革により江戸三座猿若町に移転を命じられ以後「猿若町時代」となる。＊水野忠邦老中首座となり、天保の改革始まる。
天保一三	一八四二	海老蔵（七代目）、「歌舞妓十八番之内」と銘打ち「景清」上演。＊人情本の出版禁止、柳亭種彦・為永春水らを処罰。海老蔵（七代目）、江戸十里四方追放を命じられ、地方に赴く。
天保一五	一八四四	八代目、「助六」を上演、大当たりをとる。

弘化二	一八四五	**八代目、親孝行者として幕府より表彰される。**
弘化四	一八四七	◆五代目岩井半四郎没。
嘉永一	一八四八	◆『歌舞妓十八番考』（石塚豊芥子著）成る。
嘉永二	一八四九	**海老蔵（七代目）、追放赦免になり江戸に帰る。**＊葛飾北斎没。 ◆三代目尾上菊五郎、掛川で死去。
嘉永四	一八五一	◆「東山桜荘子」（三代目瀬川如皐作）初演、大当たりをとる。
嘉永五	一八五二	**海老蔵（七代目）、一世一代の「勧進帳」上演。** **河原崎長十郎（九代目團十郎）、権十郎と改名。**
嘉永六	一八五三	**海老蔵（七代目）、この年より八年間上方に行く。その間九州、名古屋にも巡演。**＊ペリー浦賀に来航、黒船現る。 **「与話情浮名横櫛」（三代目瀬川如皐作）初演、八代目の与三郎好評。**
嘉永七	一八五四	**八代目團十郎、大坂で自殺。死絵が多種類、大量に出版される。** ◆河竹黙阿弥、四代目市川小團次のための世話狂言を書き始める、「都鳥月白浪」初演。
安政二	一八五五	◆初代坂東志うか没。 ◆江戸大震災、三座とも焼失。鯰絵が数百種出版され大評判となる。 ◆河原崎座焼失。
安政五	一八五八	◆森田座、守田座と改称。＊安政の大獄（〜安政六）。＊歌川広重没。
安政六	一八五九	**海老蔵（七代目）没。**
万延一	一八六〇	**「三人吉三廓初買」（黙阿弥作）初演。九代目（権十郎）のお坊吉三。**＊桜田門外の変、井伊直弼暗殺。

文久二	一八六二	**「青砥稿花紅彩画〈弁天小僧〉」（黙阿弥作）初演。九代目（権十郎）の忠信利平。**＊生麦事件。
文久三	一八六三	◆三代目歌川豊国の「古今俳優似顔大全」（大判錦絵百枚揃）出版。
元治一	一八六四	＊新撰組が池田屋を急襲。
慶応二	一八六六	◆四代目市川小團次没。
慶応三	一八六七	＊明治天皇即位。＊ええじゃないか大爆発へ、世直しの乱舞三河から始まる。＊徳川慶喜、大政奉還。＊坂本龍馬暗殺。
慶応四	一八六八	＊戊辰戦争始まる。
明治二	一八六九	**河原崎権十郎（九代目）、権之助を襲名。**
明治四	一八七一	＊断髪廃刀の自由が認められ、洋服姿に散切り頭の登場。
明治五	一八七二	◆十二代目守田勘弥、新富町に守田座を移転。「猿若町時代」終わる。＊京橋、築地、銀座一帯が大火に見舞われ、これを契機に東京の都市の近代化・洋風化が始まり、煉瓦造りの建物が現れる。 ◆明治初年の新風俗を取り入れた散切物が生まれる。
明治六	一八七三	**河原崎権之助（九代目）、河原崎三升と改名。「酒井の太鼓」初演。**
明治七	一八七四	**九代目團十郎襲名（前名河原崎三升）。** **河原崎座開場。九代目、「新舞台巌楠」で史実に即した新演出（活歴）を採用。**
明治八	一八七五	◆守田座、新富座と改称。
明治九	一八七六	**九代目、「重盛諫言」初演。**
明治一一	一八七八	**新富座新築開場。開場式に燕尾服姿の九代目が祝辞を朗読して国劇改良の趣旨を提唱。**
明治一四	一八八一	◆三代目瀬川如皐没。

明治一五	一八八二	**十代目團十郎生まれる（本名福三郎）。**
明治一六	一八八三	＊鹿鳴館竣工、開館式挙行。
明治一九	一八八六	◆末松謙澄を中心に演劇改良会結成。演劇改良論盛んになる。
明治二〇	一八八七	**井上外相邸で天覧劇が行われ、九代目は「勧進帳」「高時」他を演ずる。「團・菊・左」が出演。**
明治二二	一八八九	◆歌舞伎座新築開場。＊大日本帝国憲法発布。＊東海道線開通。
明治二四	一八九一	◆川上音二郎、書生芝居（のちの新派）の旗揚げ。オッペケペー節流行。
明治二六	一八九三	**九代目、「鏡獅子」を初演。** ◆河竹黙阿弥没。
明治二七	一八九四	＊清国に対して宣戦布告。
明治三〇	一八九七	◆十二代目守田勘弥没
明治三三	一九〇〇	＊パリで万国博覧会開催。
明治三四	一九〇一	**福三郎（十代目）、九代目の女婿となる。**
明治三六	一九〇三	**九代目團十郎没。** ◆五代目尾上菊五郎没。
明治三七	一九〇四	◆坪内逍遙作「桐一葉」初演。＊日露戦争始まる。 ◆初代市川左團次没。
明治四一	一九〇八	◆市川高麗蔵（七代目幸四郎）、「景清」復活上演。 ◆二長町市村座で初代吉右衛門と六代目菊五郎の競演始まる。菊吉の「市村座」時代の幕開き。
明治四二	一九〇九	**十一代目團十郎生まれる（本名藤間治雄のち堀越治雄）。**

明治四三	一九一〇	◆二代目市川左團次、「毛抜」復活上演。 ◆二代目左團次、小山内薫と提携し自由劇場を始める。 **堀越福三郎（十代目團十郎）、はじめて舞台に立つ。** ＊大逆事件で幸徳秋水ら逮捕。 ◆二代目左團次、「鳴神」復活上演。 ◆二代目市川段四郎、「鎌髭」復活上演。
明治四四	一九一一	◆岡本綺堂作「修善寺物語」初演。以後二代目左團次との提携により新歌舞伎名作の初演がつづく。 ◆帝国劇場開場。
明治四五	一九一二	◆二代目市川左團次、「不動」復活上演。 ＊明治天皇没。乃木大将殉死。
大正二	一九一三	◆歌舞伎座、松竹の経営となる。
大正三	一九一四	◆宝塚少女歌劇誕生。 ＊日本がドイツに宣戦布告。第一次世界大戦に参戦。
大正四	一九一五	**藤間治雄（十一代目）、松本金太郎の名で初舞台。**
大正六	一九一七	**九代目團十郎十五周年祭追善興行。堀越福三郎、五代目市川三升を名乗り、矢の根を勤める。**
大正八	一九一九	◆沢田正二郎、新国劇を創立。 **浅草寺境内に九代目團十郎の暫の銅像（新海竹太郎制作）建立。**
大正一二	一九二三	◆関東大震災により、東京・横浜の劇場ほとんど焼失。
大正一三	一九二四	◆小山内薫、土方与志ら築地小劇場を設立、以後新劇運動盛んになる。
大正一四	一九二五	◆新橋演舞場開場。
昭和三	一九二八	◆二代目左團次一座、初の海外公演をモスクワとレニングラードで行う。
昭和四	一九二九	**松本金太郎（十一代目）、九代目市川高麗蔵襲名。**

		◆二代目左團次、「関羽」上演。
昭和六	一九三一	◆前進座結成。＊満州事変勃発。
昭和七	一九三二	**市川三升（十代目）、「解脱」復活上演。**
昭和八	一九三三	**市川三升（十代目）、「不破」「象引」復活上演。**
昭和九	一九三四	**市川三升（十代目）、「押戻」復活上演。**
昭和一一	一九三六	**市川三升（十代目）、「嫐」「七つ面」復活上演。**＊二・二六事件。
昭和一二	一九三七	＊日中戦争始まる。
昭和一四	一九三九	＊第二次世界大戦勃発。
昭和一五	一九四〇	**市川高麗蔵（十一代目）、三升の養子となり九代目市川海老蔵襲名、「ういらう」上演。** ◆二代目左團次・五代目中村歌右衛門没。
昭和一六	一九四一	＊太平洋戦争勃発。
昭和二〇	一九四五	◆戦災により大半の劇場焼失。＊広島・長崎に原爆投下。＊終戦。 ◆ＧＨＱによる上演狂言の制限行われる。 ◆十五代目市村羽左衛門没。
昭和二一	一九四六	**十二代目團十郎生まれる（本名堀越夏雄）。** **市川海老蔵（十一代目）、中村芝翫（六代目歌右衛門）、中村もしほ（十七代目中村勘三郎）ら若手俳優を中心に、三越歌舞伎が始まる。**
昭和二二	一九四七	**市川三升（十代目）、「蛇柳」復活上演。** ◆バワーズの努力により、ＧＨＱの統制解除。「忠臣蔵」上演。
昭和二四	一九四九	◆七代目松本幸四郎没。 ◆六代目尾上菊五郎没。

昭和二五	一九五〇	＊朝鮮戦争起こる。
昭和二六	一九五一	歌舞伎座再築、「源氏物語」海老蔵（十一代目の光君）上演。「海老さまブーム」頂点に達す。
昭和二八	一九五三	堀越夏雄（十二代目）、市川夏雄の名で初舞台。＊テレビ放送開始。テレビ時代到来。
昭和二九	一九五四	◆初代中村吉右衛門没。
昭和三一	一九五六	市川三升没、十代目團十郎追贈。
昭和三三	一九五八	市川夏雄（十二代目）、六代目新之助襲名。
昭和三六	一九六一	◆七代目坂東三津五郎没。
昭和三七	一九六二	十一代目團十郎襲名（前九代目海老蔵）。
昭和三八	一九六三	成田屋自主公演「荒磯会」が始まる。第一回公演は「勧進帳」（新之助〈十二代目〉の弁慶）。
昭和三九	一九六四	＊東京オリンピック開催。
昭和四〇	一九六五	第二回「荒磯会」（「鏡獅子」新之助〈十二代目〉の小姓弥生・獅子の精）。 十一代目團十郎没。 ◆訪欧歌舞伎公演。 このころから「三之助ブーム」始まる。
昭和四一	一九六六	第三回「荒磯会」（「与話情浮名横櫛」新之助〈十二代目〉の与三郎）。 ◆国立劇場開場。
昭和四二	一九六七	第四回「荒磯会」（「櫓太鼓成田仇討」を復活上演。新之助〈十二代目〉の桂川力蔵・不動明王）。＊中東戦争始まる。
昭和四三	一九六八	第五回「荒磯会」（「鳴神」「船弁慶」新之助の鳴神上人、静御前・知盛の霊）。

昭和四四	一九六九	市川新之助（十二代目）、十代目市川海老蔵襲名。「助六」を上演。 ◆大谷竹次郎没。
昭和四五	一九七〇	第六回「荒磯会」（「源平布引滝」「雪暮夜入谷畦道」海老蔵〈十二代目〉の斎藤別当実盛、片岡直次郎）。 海老蔵（十二代目）「源氏物語」の光君上演。
昭和四八	一九七三	第七回「荒磯会」（「仮名手本忠臣蔵」「景清」海老蔵〈十二代目〉の早野勘平、悪七兵衛景清〈牢破り〉）。 ◆菊之助、七代目尾上菊五郎襲名。
昭和五二	一九七七	七代目市川新之助生まれる（本名堀越孝俊）。 ◆歌舞伎座で團菊祭を復活。
昭和五三	一九七八	＊日中平和友好条約なる。
昭和五七	一九八二	◆尾上松緑、「景清」復活上演。以後、「象引」「七つ面」「不破」「関羽」「嫐」を毎年 正月の国立劇場で復活上演。
昭和五八	一九八三	成田屋自主公演「成田山勧進歌舞伎」開催。「鏡獅子」「那智滝祈誓文覚」を上演。 堀越孝俊（七代目新之助）、「源氏物語」春宮で初御目見得。
昭和五九	一九八四	自主公演「成田山奉納歌舞伎」「根元草摺引」を上演。孝俊「お祭り」を踊る。 ◆国立文楽劇場開場。
昭和六〇	一九八五	海老蔵、十二代目團十郎襲名。孝俊、七代目市川新之助襲名。 四、五、六月の歌舞伎座での十二代目團十郎襲名披露興行に続き、七、八月は訪米公演。
昭和六二	一九八七	◆尾上辰之助没。 ◆四国の「こんぴら歌舞伎」始まる。

昭和六三	一九八八	成田山開基千五十年祭記念自主公演。「坂東修羅縁起譚」を上演。◆歌舞伎座百年記念公演。◆十七代目中村勘三郎没。
平成一	一九八九	◆二代目尾上松緑没。＊昭和天皇没。＊ベルリンの壁崩壊。
平成四	一九九二	興教大師八五〇年御遠忌記念興行（元禄歌舞伎再興）自主公演。「成田山分身不動」上演。
平成六	一九九四	◆十三代目片岡仁左衛門没。
平成七	一九九五	◆七代目尾上梅幸没。＊阪神・淡路大震災。＊地下鉄サリン事件。
平成九	一九九七	新之助「与話情浮名横櫛」初役の与三郎上演。
平成一〇	一九九八	成田山開基一〇六〇年紀念開山寛朝大僧正一〇〇〇年御遠忌紀念公演。「鶴賀松千歳泰平」上演。
平成一一	一九九九	一万人コンサート「世界劇・眠り王」上演（十二代目・新之助）。
平成一二	二〇〇〇	十一代目市川團十郎三十五年祭「助六由縁江戸桜」で、新之助初役の助六を上演。新之助「源氏物語」光君初演。
平成一三	二〇〇一	◆六代目中村歌右衛門没。＊米国同時多発テロ起こる。◆十七代目市村羽左衛門没。

あとがき

歌舞伎役者市川團十郎――。

その名は日本の伝統演劇である歌舞伎に親しみを持っている人はむろんのこと、広く江戸時代の歴史や文化に関心を抱いている人びとにとって、一種の憧れにも近い思いで想起されるところである。

市川團十郎という役者は歌舞伎の歴史上に十二人存在している。江戸時代の人たちは、これを「市川水の流れ」に見立てた。「市川」という川の水がいつまでも絶えないこと、しかしその実態は團十郎の名跡を襲《つ》いだ代々の市川團十郎の身体と芸とによって再生・活性化を重ねつつ連綿と続いているのであって、たしかに川の流れの姿に譬《たと》えられる。根本のところに、変わることのない「團十郎イメージ」が確立していながら、それぞれの個性を備えた幾人もの團十郎が出現して、時代の変化とともに変貌を重ねて行く。このことは「不易と流行」の真理にも通う。だから「市川團十郎史」が文化史になる。代々の市川團十郎は近世文化史を体現してきたと言っていいのである。

本書『市川團十郎代々』は、各代の市川團十郎の生涯と芸を資料や伝承にもとづいて確認することによって、江戸・東京の大衆が複数の團十郎を鑽仰《さんぎょう》しつづけたことの意味をさぐり、明らかにしようとするものである。この試みは「市川團十郎史」を辿る方法で、実は歌舞伎の歴史を語り、同時に江戸文化の特質を浮かび上がらせたいとする野心を秘めている。その実現のためにとくに意を用いたのは、浮世絵、番付その他の同時代資料、舞台写真などの視覚的資料をふんだんに使い、「見て楽しむ」ことを通じて江戸文化の真髄に触れていただこうという点である。

　周知のように、いわゆる浮世絵制作の中心は長く江戸の都市にかぎられていた。そして、浮世絵は常に歌舞伎と密接な関係を持ちつづけていた。江戸歌舞伎と浮世絵は江戸文化を代表する兄弟のようなものである。一体と言ってもいい歌舞伎と浮世絵とを同時に楽しむことが、江戸文化を自分たちの世界に引き寄せるためのもっとも有効かつ重要な手段であると信じている。かつて私は、江戸文化は「視の文化」だと評したことがある（『さかさまの幽霊―〈視〉の江戸文化論』一九八九年、平凡社刊）。この考えはまったく変わっていない。本書の出版に当たって、「読む」と「視《み》る」を一体のものとして楽しんでいただける書物にしたいと願ったのは、私の年来の主張に発しているのである。

　幸いにして私の意図を汲んでいただき、願いが叶うことになった。本書の生命が、本文と図版との密接不離な一体の中にこそ存在することが御理解いただけるだろうか。

　代々の市川團十郎に関する書物は、すでに何種も出版されている。それらの内、基本となる名著は伊原青々園《せいせいえん》の『市川團十郎の代々』である。この本は、大正六年（一九一七）に九代目團十郎の追善興行に際して、坪内逍遙の慫慂《しょうよう》にもとづいて執筆、出版されたもので、後継者の堀越福三郎（十代目團十郎）が発行者となり、市川宗家を発行所にした非売品（私家版）である。近代以後に出版された最初の市川團十郎史であった。この本は戦前の著作であるが、太平洋戦争終結後に、西山松之助氏の『市川団十郎』、金沢康隆氏の『市川團十郎』の二著が出版されている。それぞれに個性があり、特色のある良書である。私も昭和五十三年（一九七八）に『市川団十郎─江戸歌舞伎十一代の系譜』を、平凡社から出版している。あれからすでに二十四年の歳月が経過し、この本は絶版になって入手困難となっている。「日本を創った人びと」というシリーズの一冊として企画されたものだった。

本書は前著をもとにしているが、その後に発表された研究の成果を踏まえ、かつ私自身研究の進展する部分もあったので、これらを勘案して全面的な加筆、修訂を施した。その上で、本書にとって格別に重要な役割を担っている浮世絵や写真等の図版を全面的に見直し、より美しく、より適切な作品や資料を選ぶように努めた。国内外の美術館や個人のコレクションとして所蔵されているすぐれた浮世絵を含む合計二百四十点を超す図版が、本書にまとめて展示できることになった。本書の意図と特色を汲み取っていただくことができれば幸いである。

このような私の素志を貫徹した本書が出版できたのは、講談社の理解あるご厚意にもとづくのはむろんであるが、編集の実務を担当してくれた小宮啓子さんの協力によるところがきわめて大きい。著者がしなくてはならぬ図版の収集に当たっても、小宮さんの手をわずらわせることが多かった。情熱的に東奔西走し、よりよい本づくりに真摯に取り組んでくださっくすべての感謝を捧げたいと思う。読者の理解をより容易にすべく随所に脚注を入れたが、それらの素稿の多くは小宮さんに書いてもらった。

本書の執筆に当たっては、多くの先行書や研究論文を利用させていただいた。それらのすべてにわたり、いちいちお名前を掲げられなかった失礼をご寛恕賜りたい。企画の段階に有益な助言をくださった前総合編纂局長丸本進一氏、その意を受けてつねにバックアップしてくださった現総合編纂局長清水満郎氏ならびに同局部長伊藤裕氏、図版の掲載を許可してくださった所蔵者、写真を提供していただいた撮影者および日本俳優協会の方々のご厚意に御礼を申し上げる。

本書は、来たるべき平成十六年（二〇〇四年）に十一代目市川海老蔵を襲名することが予定されている市川新之助氏に対しては、その前途を予祝する意を兼ねた一書ともなった。このことも現代歌舞伎を愛する一人として、まことに嬉しく思っている。

平成十四年一月十五日

服部幸雄

市川團十郎関係主要文献目録

【単行本】
松居松葉編　團州百話　金港堂　一九〇三年
伊原青々園　日本演劇史　早稲田大学出版部　一九〇四年
伊原青々園　近世日本演劇史　早稲田大学出版部　一九一三年
演芸珍書刊行会編　八代目市川團十郎集（演劇文庫Ⅱ）　演芸珍書刊行会　一九一五年
伊原青々園　市川團十郎の代々　市川宗家蔵版　一九一七年
伊原青々園　明治演劇史　早稲田大学出版部　一九三三年
伊原青々園　團十郎の芝居　早稲田大学出版部　一九三四年
坪内逍遙監修　舞台の團十郎　市川宗家蔵版　一九二三年
西山松之助　市川団十郎（人物叢書）　吉川弘文館　一九六〇年
金沢　康隆　市川團十郎　青蛙房　一九六二年
諏訪　春雄　元禄歌舞伎の研究　笠間書院　一九六七年
日野龍夫編　五世市川団十郎集　ゆまに書房　一九七五年
服部　幸雄　市川団十郎（日本を創った人びと）　平凡社　一九七八年

郡司正勝他　歌舞伎十八番（図説・日本の古典）　集英社　一九七九年
野口達二監修　市川團十郎　松竹株式会社　一九八四年
立教大学近世文学研究会　資料集成・二世市川団十郎　和泉書院　一九八八年
渡辺　保　四代目市川団十郎　筑摩書房　一九九四年

【上演記録】

烏亭　焉馬　花江都歌舞妓年代記　鳳出版（復刻版）　一九七六年
石塚豊芥子　花江都歌舞妓年代記続編　鳳出版（復刻版）　一九七六年
田村　成義　続続歌舞伎年代記・乾　鳳出版（復刻版）　一九七六年
伊原　敏郎　歌舞伎年表（全八巻）　岩波書店　一九五六―六三年
歌舞伎評判記研究会編　歌舞伎評判記集成（第一期）　岩波書店　一九七二―七七年
役者評判記研究会編　歌舞伎評判記集成（第二期）　岩波書店　一九八七―九五年

【雑誌特集など】

歌舞伎・別冊　宗家市川團十郎　松竹株式会社　一九六九年
演劇界・増刊　市川團十郎　演劇出版社　一九八五年
太　陽・特集　襲名・市川團十郎　平凡社　一九八五年
演劇界・特集　市川團十郎　演劇出版社　一九八五年

歌舞伎―研究と批評・特集　九代目市川團十郎　歌舞伎学会　一九九八年
歌舞伎―研究と批評・特集　七代目市川團十郎　歌舞伎学会　二〇〇一年

解説　團十郎代々の「聖性」に肉薄

織田紘二

名跡《みょうせき》や型（芸）が伝わっていくことに必ずしも意味があるわけではなく、歌舞伎は「家の芸」を継承することに本来の意味があった。歌舞伎に家元はいない。将軍家や大名家、あるいは大家の商家や豪農では基本的に男系の血筋によって家の系譜は守られてきたわけだが、歌舞伎は元々そうではなかった。女方によって女性の舞台への登場を頑なに阻んできた歌舞伎は血筋による継承を必ずしも必要としてこなかった。もちろん男子で人気があり、集客力のある役者が求められたのは当然であり、そのために「家の芸」の永続的な継承が求められたのである。

そしてまた歌舞伎は、役柄によって家の性格と家を構成する役者の性格も規定されていた。そしてそれが守られることによって作劇も演出も決まっていたのである。年度初めとなる十一月から一年間の、俳優と興行主との契約は全役柄の役者を揃えることにあって、顔見世興行の中に必ず「暫《しばらく》」を挿入するのも、一年間の専属俳優の顔（ツラ）を見せるということに主眼があった。ことに「暫〳〵」と花道奥で大声を発して出る荒事役者は座の頭分であり「座頭役者《ざがしら》」の役目だった。その役目を担ってきたのが、市川團十郎家であった。

市川團十郎家は、まさに江戸歌舞伎における特別な存在の家柄だった。ことに江戸中期の二代目團十郎以降は、成田不動尊の信仰によることが大きかったものだが、ことさらな「神格」というか「信仰」の対象としての存在価値の定着が図られた。

私は十二代目市川團十郎がまだ十代目市川海老蔵だった時代、後に（昭和五十九年十一月）「初代市川團十郎発祥之地」の石碑を建立することになる山梨県三珠《みたま》町（現西八代郡市川三郷町）の蹴裂《けさき》神社に、十一代目團十郎が立てた木標を見に行く海老蔵に同行したことがあった。その折のこと、農家の主婦が幼い子を抱いて来て、近い将来團十郎になる成田屋の当主に、赤子の肌着にサインを頼んだのを初めて見た。「この子が丈夫に育つように、サインをお願いします」と、いうのである。そんな場面は相撲取りでは見たこともあったが、成田屋の海老蔵に要求した姿は鮮烈だった。もちろん海老蔵はその要求に応じて何人かの子供の肌着にサインしたのだが、團十郎の霊力をまざまざと見るようで、感動したのを覚えている。

團十郎の代々について記述された著作は近年まで数多いが、中でも代表的なのは大正六年（一九一七）十月に市川宗家によって発行された『市川團十郎の代々』であろう。発行者は堀越福三郎（十一代目團十郎襲名の折、十一代目によって十代目市川團十郎の名跡が追贈された）、著作者に伊原敏郎（青々園）の名が見える。上下二巻からなる大著で、ことに大正十二年の関東大震災で灰燼《かいじん》に帰すことになった貴重な資料がこの本によって生かされたことに感謝したい。

これを著作者にちなんで大正の「伊原代々」と呼ぶこととすれば、このたび文庫化された服部幸雄氏による本書『市川團十郎代々』は、平成の「服部代々」として並び称される書物だろう。

「伊原代々」と「服部代々」の大きな違いは、後者において團十郎代々の「聖性」と「信仰」の背景に肉薄したことにある。そしてそこにこそ存在した江戸歌舞伎の本質を明らかにしたことが特筆されるのである。代々の團十郎の紹介と事実関係を明らかにする学問の方法は文献学的でありその論考は懇切丁寧で、納得させられるのは当然だが、それだけにとどまらない論の展開がある。「江戸ッ子の團十郎贔屓と襲名」「成田不動尊と代々の市川團十郎」「歌舞伎十八番」「團十郎デザインのいろいろ」というテーマでの記述は、代々の團十郎への理解のみならず、江戸歌舞伎やそれを取り巻く社会や政治にまで配慮されて、江戸時代史としても読ませる力を持っているのは、歌舞伎や團十郎の力のみならず服部さんの力のなせる業である。

服部さんと私の出会いは、昭和四十二年（一九六七）、国立劇場でのことだった。

歌舞伎や文楽をはじめ、日本の伝統芸能全般にわたって公開（公演）し、併せて後継者の養成、調査研究を行うことを目的として昭和四十一年に開場した国立劇場に、開場準備室の段階から参加していた服部さんは、当時すでに演劇（歌舞伎）研究の第一人者だったが、私は開場翌年の三月に大学を出たばかりのズブの素人だった。

服部さんの背景には大きな悲劇があった。昭和三十四年九月二十六日夜、和歌山県潮岬《しおのみさき》の西に上陸した台風は三重県西部から岐阜県西部、富山県を通過。六時間余りで本州を縦断した。名古屋港で約四メートルの高潮を観測したという。当時、名古屋で教職についていた服部さんは、この伊勢湾台風によって資料を含め全てを消失し、東京で一からの再出発として歴史上初めての国立劇場に夢を託した。芸能調査室専門員となり、同調査室主任専門員を経て千葉大学教授、日本女子大学教授を歴任した。

私が国立劇場芸能部制作室に職を得て、歌舞伎の制作を主な仕事にし始めて間もない頃、偶然、東銀座の歌舞伎座の正面で服部さんに出くわしたことがある。天気の良い日で外での立ち話になり、他の話は何も覚えていないのだが、服部さんから「『日本戯曲全集』を全部読んでごらん」と言われ、「はい、そうします」と答えたのはよく覚えている。『日本戯曲全集』全六十八巻、もちろん必要に応じて今日でも読んではいるがいまだに通して全巻を読了してはいない。その当時多忙な制作助手の日々で通読する機会を持てなかったのが痛恨の極みである（弁解にすぎないが）。

服部さんは国立劇場をお辞めになって、後に評議員に就任された。ある年の評議員会の席で服部さんがめずらしく激して発言された。「どうして国立劇場は小劇場歌舞伎をしないのか。小劇場での歌舞伎こそ国立劇場らしい仕事ではないのか」という趣旨の発言で「小劇場歌舞伎の必要性については新聞に書かせてもらう」というのだった。小劇場歌舞伎では昭和五十一年八月の『盟《かみかけて》三五大切《さんごたいせつ》』を始め多くの名作を世に送り出してきたが、ともかく経済的に割りが合わない。しかしそれでもそれを行うのが国立劇場ではないか、というのが服部さんのご意見で、翌年小劇場歌舞伎は実現した。実に迫力あるご発言だった。服部さんはお辞めになってから後でも国立劇場設立の理念や歌舞伎の本来のあるべき姿を追い求めておられた。服部さんのその「歌舞伎観」は最後まで変わることがなかった。

国立劇場の開場記念公演（昭和四十一年十一月『菅原伝授手習鑑』）の「筋書き」に歌舞伎公演の七つの方針が示されている。長いものだが、設立当時の国立劇場の歌舞伎観がよく表れたものなので要約して四点のみご紹介したい。①極力原典を尊重しその研究を進め、出来るだけ原典の内容を活かした演出に努力したい。②脚本の研究に努力して、なるべく全体の筋がわかるような補綴を考え、通し狂言に近づくように努力する。③研究次第で復活可能なものも相当あると思われるので、脚本とその演出に研究を加えて極力古典作品の復活上演を図ることに努力したい。④観客にわかりやすくするように努め、歌舞伎を一般大衆に親しみやすくするように心がけ、広く啓蒙したいと考えている。

今は行っていないようだが、私の現役時代には月に何度か理事長を交えた演目会議が行われていた。制作室のような現場本位の意見と、学者・評論家の意見はいつも対立し、激論になったものだが、その対立も国立劇場にとっては大事な議論だったと思う。私のような若輩者でも、一人前に扱ってもらえたのは有難かったし、それだけ責任も重かった。配役案までまとまって、意気揚々と持って行った案の全てを大幹部俳優に断られることも度々だった。

そうなるとまた一から演目会議のやり直しである。特に①から③までが国立劇場のキモで、この分野での服部さんの論法は厳しかった。

しかし何と言っても相手のあること。俳優の賛同を得るまでの繰り返しの演目会議の辛さは、今になってみると貴重な経験だった。幹部俳優の承諾を得て、同時に進行していた興行会社の了解を得、ようやく劇場の会長の了解を頂き、役員会を経て情報開示になるのだが、ほとんどの場合宣伝課や事業課に迷惑をかけ続けてきたことは大いに反省している。芸能調査室も今はなく、芸能部の組織も変わってしまったが、国立劇場開場当時からの理念は生かしてもらいたいものだ。それは開場当時を経験した生き残りのささやかな希望である。

服部さんは最後まで国立劇場に、歌舞伎に、そして團十郎に思いを馳せ、「代々」でも七代目新之助（現十一代目市川海老蔵）に最後の項を割いている。本書の原本刊行時には思いもよらぬことだった十二代目の若くしての病没を経て、いま十三代目が誕生しようとしている。歌舞伎界もこれまでのように家代々を重ねるだけの時代から大変革の時代に入って行こうとしている。世の中が大変革するいま、歌舞伎も当然無関係ではいられない。現に変化の兆しはそこかしこに見えている。服部さんならどう言われるだろうか、と考える。結論は出ないにしても、きっと「歌舞伎は日本の文化、宝物。軽々に変えてはならない」と言われるような気がする。ことに團十郎と成田屋には歌舞伎の宗家としての役割を果たして行くことが求められ、それだけにあらゆる困難を耐え忍ばねばならない宿命を背負っている、と言っては言い過ぎだろうか。

ここで本書原本刊行後の團十郎家について、簡単にまとめておこう。

十二代目團十郎は、平成十六年（二〇〇四）、長男十一代目海老蔵襲名前後に白血病を発症し、治療後のパリ公演で復活するも再発、闘病生活の末、平成二十五年逝去。惜しんでも惜しみきれないものだった。

十一代目海老蔵は平成十六年五月歌舞伎座で、「助六」や「暫」で襲名。平成十九年パリ・オペラ座で十二代目と共に公演し、平成二十五年には長男勸玄《かんげん》君が誕生した。令和二年五月、十三代目市川團十郎白猿《はくえん》を襲名する予定。

堀越勸玄は平成二十七年十一月歌舞伎座で初お目見えし、令和元年七月の歌舞伎座では、「外郎売」に出演し、お家芸の早口の言い立てを立派に披露した。令和二年、八代目市川新之助を襲名し、初舞台の予定。

服部さんの業績は大きいし、服部幸雄歌舞伎論は今後ともいささかも価値を損なうことはないと思う。講談社から出版された『江戸の芝居絵を読む』や、この文庫の原本になる『市川團十郎代々』に特徴的なのは、内外に広くそして多くの絵画資料を求め、ビジュアル資料を駆使して論をすすめたことである。主な著書に『大いなる小屋』（一九八六年）、『江戸歌舞伎の美意識』（一九九六年）、『江戸歌舞伎文化論』（二〇〇三年）、以上平凡社。『江戸歌舞伎』（一九九三年）、『歌舞伎のキーワード』（一九八九年）、『歌舞伎ことば帖』（一九九九年）、『絵本 夢の江戸歌舞伎』（二〇〇一年）、以上岩波書店。『歌舞伎歳時記』（一九九五年・新潮社）。『歌舞伎をつくる』（一九九八年・青土社）。『歌舞伎の表現をさぐる』（二〇〇一年・演劇出版社）。『江戸の芝居絵を読む』（一九九三年）、『市川團十郎代々』（二〇〇二年）、以上講談社。『花道のある風景 歌舞伎と文化』（一九九六年・白水社）等がある。死後出版され遺作になったのは一九七〇年代から研究対象としていた芸能の守護神である宿神《しゅくじん》についての論考をまとめた著作『宿神論―日本芸能民信仰の研究』（二〇〇九年・岩波書店）である。

また参考までに、本書の原本『市川團十郎代々』が出版されて以降の團十郎に関連した書籍を一部紹介しておこう。

『市川團十郎研究文献集成』中山幹雄　二〇〇二年　高文堂出版社
『七代目市川團十郎の史的研究』木村涼　二〇一四年　吉川弘文館
『八代目市川團十郎　気高く咲いた江戸の花』木村涼　二〇一六年　吉川弘文館
『十二代目市川團十郎の世界　家元探訪・妻の思い出・多彩に輝く成田屋』河村常雄　二〇一九年　出版研究センター

歌舞伎と市川團十郎は表裏一体のものである。日本の宝として歌舞伎が存在し続けることが、そしてそんな日本であることが、いま問われているのだと思う。

（元国立劇場理事）

本書の原本は、二〇〇二年、小社より刊行されました。文庫化にあたり、
著作権者の了承を得て、図版を大幅に割愛しました。

服部幸雄（はっとり　ゆきお）

1932年，愛知県生まれ。名古屋大学文学部卒業。国立劇場芸能調査室主任専門員，千葉大学教授，日本女子大学教授等を経て，千葉大学名誉教授。2007年没。おもな著書に，『市川団十郎』『大いなる小屋』『江戸歌舞伎の美意識』『歌舞伎のキーワード』『歌舞伎ことば帖』『江戸の芝居絵を読む』『宿神論』など。

講談社学術文庫

定価はカバーに表示してあります。

市川《いちかわ》團十郎《だんじゅうろう》代々《だいだい》

服部《はっとり》幸雄《ゆきお》

2020年３月10日　第１刷発行

発行者　渡瀬昌彦
発行所　株式会社講談社
東京都文京区音羽 2-12-21 〒112-8001
電話　編集（03）5395-3512
販売（03）5395-4415
業務（03）5395-3615
装　幀　蟹江征治
印　刷　株式会社廣済堂
製　本　株式会社国宝社
本文データ制作　講談社デジタル製作

ISBN978-4-06-518999-3

「講談社学術文庫」の刊行に当たって

これは、学術をポケットに入れることをモットーとして生まれた文庫である。学術は少年の心を養い、成年の心を満たす。その学術がポケットにはいる形で、万人のものになることは、生涯教育をうたう現代の理想である。

こうした考え方は、学術を巨大な城のように見る世間の常識に反するかもしれない。また、一部の人たちからは、学術の権威をおとすものと非難されるかもしれない。しかし、それはいずれも学術の新しい在り方を解しないものといわざるをえない。

学術は、まず魔術への挑戦から始まった。やがて、いわゆる常識をつぎつぎに改めていった。学術の権威は、幾百年、幾千年にわたる、苦しい戦いの成果である。こうしてきずきあげられた城が、一見して近づきがたいものにうつるのは、そのためである。しかし、学術の権威を、その形の上だけで判断してはならない。その生成のあとをかえりみれば、その根は常に人々の生活の中にあった。学術が大きな力たりうるのはそのためであって、生活をはなれた学術は、どこにもない。

開かれた社会といわれる現代にとって、これはまったく自明である。生活と学術との間に、もし距離があるとすれば、何をおいてもこれを埋めねばならない。もしこの距離が形の上の迷信からきているとすれば、その迷信をうち破らねばならぬ。

学術文庫は、内外の迷信を打破し、学術のために新しい天地をひらく意図をもって生まれた。文庫という小さい形と、学術という壮大な城とが、完全に両立するためには、なおいくらかの時を必要とするであろう。しかし、学術をポケットにした社会が、人間の生活にとってより豊かな社会であることは、たしかである。そうした社会の実現のために、文庫の世界に新しいジャンルを加えることができれば幸いである。

一九七六年六月　　　　野間省一

クラシック音楽鑑賞事典

神保璟一郎《じんぼけいいちろう》著

人々の心に生き続ける名曲の数々をさらに印象深いものとする鑑賞事典。古典から現代音楽まで作曲者と作品を網羅し、解説はもとより楽聖たちの恋愛に至るまでが語られる。クラシック音楽愛好家必携の書。

620

俳句　四合目からの出発

阿部筲人《しょうじん》著（解説・向井　敏）

初心者の俳句十五万句を点検・分類し、そこに共通して見られる根深い欠陥である紋切型表現と手を切れば、今すぐ四合目から上に登ることが可能と説く。俳句上達の秘密を満載した必携の画期的な実践入門書。

631

東洋の理想

岡倉天心著（解説・松本三之介）

明治の近代黎明期に、当時の知性の代表者のひとり天心は敢然と東洋文化の素晴らしさを主張した。「我々の歴史の中に我々の新生の泉がある」とする本書は、日本の伝統文化の本質を再認識させる名著である。

720

茶道の哲学

久松真一著（解説・藤吉慈海）

茶道の本質、無相の自己とは何か。本書は、著者の茶道の実践論ともいうべき「茶道箴」を中心に展開。「日本の文化的使命と茶道」「茶道における人間形成」等の論文をもとに茶道の本道を説いた刮目の書。

813

基本季語五〇〇選

山本健吉著

『最新俳句歳時記』『季寄せ』の執筆をはじめ、多年に亘る俳句研究の積み重ねの中から生まれた季語解説の決定版。俳句研究の最高権威の手に成る基本歳時記で、作句の全てはこの五百語の熟読理解から始まる。

868

フランス絵画史　ルネッサンスから世紀末まで

高階《たかしな》秀爾《しゅうじ》著

十六世紀から十九世紀末に至る四百年間は、フランス精神が絵画の上に最も美しく花開いた時代である。美の様式を模索する芸術家群像とその忘れ難い傑作の系譜を、流麗な文章で辿る本格的通史。文庫オリジナル。

894

森の生活 ウォールデン
H・D・ソロー著／佐渡谷重信訳
コンコードの村はずれのウォールデン池のほとりに、ソローは自ら建てた小屋で労働と自然観察と思索の生活を送りながら、自然に生きる精神生活のすばらしさを説く。物質文明への警鐘、現代人必読の古典的名著。
961

茶道《ちゃどう》改良論
田中仙樵著（解説・田中仙堂）
明治三一年に大日本茶道学会を創設した著者は、衰退した茶道を復興するために秘伝開放を主張し、奥義の実践普及に努めた。今も大きな影響力を保つその茶道観を語った厖大な著述から、主要論文を精選した論集。
1036

日本文学史
小西甚一著（解説・ドナルド・キーン）
洗練された高い完成を目指す「雅」、荒々しく新奇な魅力に富んだ「俗」。雅・俗交代の視座から日本文学の歴史を通観する独創的な遠近法が名高い幻の名著の復刊。大佛賞『日本文藝史』の原形をなす先駆的名著。
1090

音楽と言語
T・G・ゲオルギアーデス著／木村　敏訳
音楽も言語も共同体の精神が産み出した文化的所産である。ミサ音楽を中心に、両者の根源的な結びつきと対決の歴史現象の根底にある問題を追究した音楽史の名著。ミサの作曲に示される西洋音楽のあゆみ。
1108

英文収録**茶の本**
岡倉天心著／桶谷秀昭訳
ひたすらな瞑想により最高の自己実現をみる茶道。西洋文明に対する警鐘をこめて天心が綴った茶の文化への想いを、精魂こめた訳文によって復刻。東西の文明観を超えた日本茶道の神髄を読む。原著英文も収録。
1138

俳句の世界 発生から現代まで
小西甚一著（解説・平井照敏）
俳諧連歌の第一句である発句と、子規の革新以後の俳句を同列に論じることはできない。文学史の流れを見すえた鋭い批評眼で、俳句鑑賞に新機軸を拓いた不朽の書。俳句史はこの一冊で十分、と絶讃された名著。
1159

《講談社学術文庫　既刊より》